KB200500

인생, 너머

인생, 너머

人生

김
대
조 지음

국민북스

추천사

'인생, 너머'는 크리스천의 사명이 무엇인지를 알려주는 책입니다. 누구나 쉽고 편안하게 읽을 수 있고 인생을 살아가는데 실제적인 도움을 받을 수 있습니다. 아들이 없어 하나님 앞에서 엎드려 부르짖던 한나, 비참한 종말을 당하는 사울, 성공과 실패와 회복의 삶을 산 다윗 등의 이야기에는 인생의 귀중한 보물들이 담겨 있습니다. 저자 역시 인생과 목회의 바닥을 치며 허덕였을 때 이들의 이야기를 통해 새로운 길을 보고 다시 일어날 수 있었습니다. 사무엘상을 설교하며 얻은 깊은 깨달음을 통해 설교자 자신이 바닥에서 일어나 새로운 목회를 시작할 수 있었습니다. 이 책을 통해 힘겨운 인생길에서 바닥을 치고 목말라 하는 분들이 치유를 경험하고 삶의 지혜를 배워 하나님께서 공급해 주시는 힘으로 새 인생을 시작하기를 기대합니다. 인생의 바닥에서 발견한 지혜와 힘으로 저자가 새롭게 시작할 수 있었던 것처럼, 이 책을 읽는 분들 역시 약속의 말씀을 듣고 배워 새롭게 살아갈 힘과 용기를 얻으시기 바랍니다.

김상복 목사(할렐루야교회 원로, 횃불트리니티신대원대학교 명예총장)

하나님은 우리 인생의 봄, 여름, 가을, 겨울의 시간에 언제나 찾아오십니다. 우리는 그 사계(四季)를 지나며 인생 여정에 찾아오시는 하나님을 만나고 그분의 말씀이 지시하는 이정표를 바라봅니다. 지혜로운 사람은 그 길을 걸으며 주어진 말씀에 순종합니다. 그로 인해 시절을 좇아 열매를 맺으며 회개하는 인생을 살아갑니다. 이 책은 그 길 위에서 카이로스의 시간을 경험한 하나님 나라 주인공들의 이야기로 가득합니다. 특별히 광야의 고독한 환경 속에서 무엇을 해야 할지 어디로 가야 할지 고민하던 믿음의 증인들이 그분과 동행하는 법을 배워가는 모습을 볼 수 있습니다. 하나님은 그 인생에 은혜를 덧입히시고 구원의 사명을 맡기십니다. 이 책을 접하는 모든 독자들이 사무엘상에 등장한 여러 인물들의 삶의 여정을 통해 인생 안에 계신 하나님을 만나는 기쁨을 누리길 바랍니다. 또한 인생 너머에 계신 하나님을 바라보며 소망을 품는 계기가 되길 소원합니다.

김양재 목사(우리들교회 담임)

이 책은 사무엘상에서 찾아낸 마음 따뜻한 인생의 나침반을 선물로 선사합니다. 한나, 사무엘, 다윗을 비롯한 등장 인물들의 이야기를 통해 인생에서 가장 소중한 것이 무엇인지를 알 수 있습니다. 저자도 한때 빛이 보이지 않는 절망 속에서 허우적거리며 힘든 삶을 살아낸 적이 있습니다. 그래서 "바닥을 쳤을 때, 역설적으로 희망이 보였다"는 저자의 고백에 힘이 실려 있습니다. 사무엘상 한 권에서 이토록 다양하고 깊이 있는 인생관을 추출해내는 저자의 통찰이 매우 놀랍고 부러울 뿐입니다. 치유를 꿈꾸는 이 시대의 사람들에게 저자의 희망의 메시지를 강력하게 추천합니다.

차준희 목사(한국구약학연구소 소장, 한세대학교 구약학 교수)

프롤로그

내가 자란 시골 마을에는 깊은 우물이 있었다. 우물은 들여다보기만 해도 무서울 만큼 깊었다. 두레박과 연결된 제법 긴 끈을 통해 그 깊이를 가늠할 수 있었다. 그 우물에서 나오는 물은 늘 시원했다. 무더운 여름에 동네 아이들과 놀다가 목이 마르면 냉큼 달려가 갈증을 해소하던 곳이었다. 시간이 흘러가면서 내 기억 속의 그 우물은 '인생'으로 보이기 시작했고 수많은 인생의 사연을 담고 있는 듯 했다. 이런 생각이 들었다. '아낙네들은 두레박을 길어 올리면서 이런 저런 마음의 속내를 토해냈겠지…. 아마도 우물은 말없이 그 숱한 이야기들을 들어주며 그들을 품어주었으리라.'

예수님도 사마리아 우물가에서 한 여인을 만나 그 여인의 살아온 인생 이야기를 들어 주시고 그녀를 회복시켜주셨다.

"예수께서 대답하여 이르시되 이 물을 마시는 자마다 다시 목마르려 니와 내가 주는 물을 마시는 자는 영원히 목마르지 아니하리니 내가 주는 물은 그 속에서 영생하도록 솟아나는 샘물이 되리라"
(요 4:13~14)

사무엘상은 넘을 수 없는 인생의 벽 앞에서 한계를 느끼며 고개를 떨구고 있는 나의 영혼에 힘을 준 생수 같은 깊은 우물이었다. 사무엘상에는 다양한 인생의 이야기들이 들어 있다. 사무엘상에서 독자들은 아이를 낳지 못해 슬픈 눈물의 여인이었던 한나를 비롯해 한때 골리앗을 쓰러뜨리며 잘나가는 듯 보였지만 사울이라는 예상치 못한 인생의 벽 앞에 절망의 시간을 보내야했던 다윗 등의 이야기를 접할 수 있다. 시기, 질투, 배신, 속임수 등 수많은 아픈 이야기들 속에 그들 인생의 발자취가 고스란히 남아 있다.

누구에게나 인생은 버겁기 그지없다. 잡을 수 없는 것, 도달할 수 없는 곳, 더 이상 나아가는 것을 막는 인생의 벽은 언제나 존재한다. 그러나 한나와 다윗 등 사무엘상의 주역들은 인생의 벽 앞에서 허물어지지 않았다. 그들은 인생의 광야에서 접한 숱한 한계 속에서 슬픔과 좌절, 분노와 복수심으로 무너지지 않았다. 그들은 비록 넘어졌지만 다시 일어났다. 생명과 회복의 주인이신 하나님으로부터 공급되어진 영생의 샘물을 마시며 인생의 바닥에서 희망을 보기 시작했고 결국 다시 일어섰다.

나 역시 다윗처럼 삶과 목회의 현장에서 바닥을 치며 고난의 터널을 통과해야 했다. '바닥을 친다'는 말이 무슨 의미인지는 정말 바닥을 친 사람들만 알 수 있을 것이다. 바닥은 실패와 좌절의 장소 이상의 의미를 갖고 있다. 바닥에 내려가야 비로소 보이는 것이 있다. 내 경우에도 그 바닥에서 비로소 하나님의 말씀이 세미하게 들리며 인생이 조금씩 보이는 듯 했다. 무엇보다 나의 약함을 진심으로 깨닫게 되었다. 그러면서 나를 이끌어 가시는 하나님의 인도하심의 방향이 보이기 시작했다. 바닥이 아니면 보이지 않는 것들이 보였다. 광야는 그렇게 새로운 출발을 할 수 있는 기회가 되었다. 또한 약속의 말씀이 채워지는 풍성한 축복의 시간이 되었다.

이 책에 사무엘상이라는 우물에서 길어낸 '인생 여행'의 이야기들을 담았다. 삶과 목회라는 인생길에서 바닥을 칠 때, 혼자서는 풀 수 없었던 인생 숙제의 공식들을 가르쳐준 인물들의 이야기가 여기에 있다. 한나, 사무엘, 다윗을 비롯한 많은 인생의 모습들과 그들의 이야기들이 나온다. 그들의 실패는 실패대로, 성공은 성공대로 모두 의미가 있었으며 나의 삶에 적용할 수 있는 좋은 인생의 교과서가 되었다. 어느 날 나를 일으킨 깊은 우물 속의 생수와 같은 하나님의 가르침들을 나 혼자 간직할 수 없어 펜을 들었다.

아직도 내겐 천국을 향해 가야할 인생의 여정이 남아 있다. 그것은 나만의 '아직도 가야 할 길'이다. 우리 모두에게도 '아직도 가야할 길'이 남아 있다. 이 책이 한때 나처럼 어두운 터널, 빛이 보이지 않는 절망 속에서 허우적거리며 힘들게 걷는 분들에게 소망의 불씨가 되길 바란다. 누군가가 책 가운데 우연히 만난 한 구절을 통해서라도 살아갈 힘을 얻는다면 이 책을 쓴 보람이 있을 것이다. 성령의 인도하심으로 마음에 담아지는 말씀이 독자들로 하여금 가슴을 열고 용기를 내는 동력이 되었으면 싶다. 어려운 시기를 사는 우리 모두가 말씀의 우물에서 하나님이 주시는 생명의 생수를 마시고 다시 일어서게 되길 기도한다. 인간에게 사명이 있듯, 책에도 분명 사명이 있을 것이다. 이 책은 결코 우연히 나온 것이 아니다. 하나님의 섭리 가운데 이 땅에 나왔다. 그러니 분명 이 책이 스스로 지닌 사명대로 선하게 사용되어질 것을 믿는다.

나와 함께 울고 웃으며 복음의 길을 걷고 있는 사랑하는 주님기쁨의교회 모든 성도님들에게 감사의 마음을 전한다. 늘 묵묵히 기도로 섬기며 책이 나오기까지 원고를 보아준 사랑하는 아내 미향과 고마운 지연 자매, 나의 대화의 친구들인 사랑하는 딸 은총, 자랑스러운 아들 평강에게도 고마움을 전한다. 또한 수고해 주신 국민북스 관계자들에게도 감사의 마음을 전한다.

2020년 6월.
김대조 목사

목차

III. 인생, 영원을 향한 걸음

IV. 인생, 돌아서지 말고

광야에는 우리를 기다리시는 하나님, 영원한 중보자 예수님이 계신다. 사랑 많으신 하나님은 우리를 결코 광야에 홀로 내버려두지 않으신다. 광야는 고통 스럽지만 경험할 만한 가치가 있는 땅이다. 그곳에서만 만날 수 있는 특별한 하나님의 은혜가 존재하기 때문이다. 광야, 메마른 그곳은 전능자 하나님을 만나고 그 구원의 은혜를 더 깊이 경험할 수 있는 소중한 기회의 장소다.

I

인생,

광야가

기회다

1. 인생, 풀어야 할 숙제

인생에는 누구나 풀어야 할 힘겨운 숙제가 있다. 그 숙제를 부둥켜안은 채 고민하며 묻고, 나름대로 정답을 찾아 풀어가는 동안 힘에 겨운 느낌을 갖는다. 자라나면서 성장통을 겪듯, 인생 숙제를 푸는 과정에서 고통과 함께 기쁨을 얻는다. 그런 인생과 닮은 것이 등산인 것 같다. 왜 힘든 산을 기어코 오르려고 하는가? 오를 때는 고통을 느낀다. 아래에서 산 정상을 쳐다보면 너무나 큰 부담이 든다. '언제 저곳까지 올라가지?' 비탈길을 오르는 것은 힘겹다. 그러나 산행에는 고통만 있는 것이 아니다. 산 정상에 섰을 때의 뿌듯함이 있다. 그 뿌듯함이 힘겨움을 능가하기에 힘든 산을 또 오르는 것이다. 산행과 같이 인생길에서도 고난과 아픔이 존재하지만 그것을 뛰어넘을 만한 기쁨 또한 존재한다. 고난과 아픔, 기쁨이 공존하는 것이다. 그것이 인생이다.

성경에 이런 말이 있다.

"사람은 고생(trouble)을 위하여 났으니 불꽃이 위로 날아가는 것 같으니라"(욥 5:7)

세상을 살아가는 동안 우리는 이런 저런 '고난'이라는 광야를 통과한다. 하나님께 돌아갈 때에야 그 모든 고난으로부터 자유로워진다. 고난을 당한다는 것은 살아있다는 증거다. 살아있는 모든 이들에게 고난은 일상이다. 그렇다면 우리 모두에게 주어지는 고난에 어떻게 대처해야 할까?

한나라는 여자가 있었다. 사무엘서에 제일 먼저 나오는 인물로 한 시대를 이끌었던 대제사장 사무엘의 어머니다. 많은 위인들이 훌륭한 어머니를 통해 만들어지는 것 같다. 성경 속 인물 중 대표적인 예가 사무엘의 어머니 한나다. 그런데 그녀는 첫 등장에서 이렇게 자신을 소개한다.

"나는 마음이 슬픈 여자라"(삼상 1:15)

한나는 엘가나라는 좋은 남편을 만나 사랑을 듬뿍 받았지만 아이를 낳지 못했다. 당시 이스라엘에서 아이를 낳지 못하는 여자는 제대로 대우 받기 어려웠다. 우리나라도 수십 년 전만 해도 '출산'을 여성의 제일 덕목으로 여겼기에 자녀를 재산처럼 취급했던 고대 이스라엘에서 아이를 낳지 못한 그녀의 사정을 짐작할 수 있다. 엘가나의 첩 브닌나는 그녀와 반대였다. 아이를 낳았지만 남편의 사랑을 받지 못했다.

한나에 대한 브닌나의 태도는 가히 상상할 만하다. 브닌나의 폭언

> 우리는 간혹 아픔의 이유를 혼동할 때가 있다. 아픔이 본질을 꿰뚫어보지 못하게 우리의 눈을 가리기 때문이다. 한나는 혼동하지 않았다. 자신의 문제를 해결할 곳은 '하나님의 성전'뿐이라는 사실을 깨달았다. 실마리를 제대로 찾은 것이다.

과 무시 속에서 한나는 초췌해져갔고 말할 수 없는 고통을 겪었을 것이다. 누구에게나 자신을 가장 고통스럽게 하는 뭔가가 있다. 모두가 그 뭔가를 숙제처럼 지니고 있다. 한나에게는 아이였고, 브닌나에게는 남편의 사랑이었다. 누군가에겐 공부이고, 또 누군가에는 돈일 수 있다. 뭔가가 우리를 고통스럽게 할 때, 우리는 그것을 해결하기 위해 몸부림친다. 숙제를 마주한 학생처럼 말이다.

숙제를 푸는 두 가지 방법

한나는 '아이'라는 아픈 숙제를 받았지만 그것을 어떻게 풀어야 할지 몰랐다. 임신은 한나의 능력을 벗어난 일이었다. 우리도 그렇다. 한나처럼 능력 밖의 숙제를 받아드는 경우가 많다. 브닌나도 아픈 숙제를 받았다. '남편의 사랑'이라는 숙제다. 두 사람은 어떻게 그 숙제를 풀었을까.

한나는 누구도 탓하지 않고 하나님의 성전에 올라가 기도했다. 솔직하게 자신의 아픔을 털어놓았다. 시기, 질투, 원망, 불평, 불만을 표출하지 않았다. 대신 진솔하게 자신의 아픔을 고백했다. 그녀는 "여호와 앞에 내 심정을 통한 것"(삼상 1:15)이라고 말한다. 다른 번역본에서는 '통한 것'을 '쏟아 부은 것'이라고 했다. 하나님께 자신의 마음을 쏟아 부었다.

한나는 아픔의 뿌리를 직시했다. 그것은 브닌나의 멸시도, 아내의 자리를 뺏길 수 있다는 불안도, 동네 사람들의 수군거림도 아니었다. 불임이었다. 아픔의 근원은 임신하지 못한 것이라는 사실을 깨달았다.

우리는 간혹 아픔의 이유를 혼동할 때가 있다. 아픔이 본질을 꿰뚫어보지 못하게 우리의 눈을 가리기 때문이다. 한나는 혼동하지 않았다. 아픔의 근원이 오로지 불임라는 것을 알았다. 그것은 자신의 능력밖의 일이었다. 그래서 그 문제를 해결할 곳은 '하나님의 성전'뿐이라는 사실을 깨달았다. 실마리를 제대로 찾은 것이다.

반면, 문제의 본질을 꿰뚫지 못한 사람이 있다. 브닌나. 그녀는 남편의 사랑을 얻지 못하는 것이 한나 때문이라고 여겼다. 남을 탓하는 것처럼 쉬운 일이 없다. 그래서 브닌나는 자신의 인생 호적수인 한나를 멸시하고 업신여겼다. 그것은 아무짝에도 쓸모가 없는 시기와 질투일 뿐이다. 문제 해결에는 전혀 도움이 되지 못한다. 브닌나의 선택은 어리석었다. 성경에는 자세히 나오지 않지만 그녀는 남편의 눈밖에 났을 것이다. 아무것도 달라지지 않은 채 광야에서 쓸쓸히 살아가게 되는 브닌나의 모습을 그려볼 수 있다.

우리 모두에게는 숙제가 주어진다. 숙제는 우리를 힘들게 할 것이다. 인생 숙제를 대하는 두 가지 방법이 있다. '한나의 방법'과 '브닌나의 방법'이다. 문제의 본질을 찾아서 해결하거나, 문제와 무관한 주변을 괴롭히는 것이다. 어떤 방법을 택하겠는가. 물론 모두가 한나의 방법이라고 하겠지만, 문제는 이게 말처럼 쉽지 않다는데 있다.

여름에 모기에 물리면 참 가렵다. 특히 발가락을 물렸을 때는 더욱 가려움을 느끼게 된다. 그런데 참으로 난감한 것은 모기에 물린 발가락이 어느 발가락인지를 잘 모를 때가 있다는 점이다. 특히 약지와 새끼발가락이 헷갈린다. 분명 약지가 물렸는데 긁다보면 새끼발가락이 가려운 것 같기도 한다. 아픔의 본질, 숙제의 목적을 찾아 헤맬 때가 마치 이와 같다. 가려운 곳을 정확히 긁어야 하듯, 문제를 잘 들여다보고 그 근원을 정확하게 찾아내야 한다.

태어난 김에 산다?

요즘 '태어난 김에 산다'는 말이 유행이다. 처음에는 듣고 웃어 넘겼지만 뒷맛이 씁쓸했다. 사람은 의미 없이 태어나서 죽는 것이 아니기 때문이다. 모든 사람들의 삶에는 목적이 있다. 사람들은 누구나 인생 숙제를 받고, 그것을 어떻게든 풀어내려고 고군분투하고 있다. 그런데도 '그냥 산다'니…. 곱씹을수록 웃음이 나온다. 물론 어떤 심정에서 '태어난 김에 산다'는 결론에 이르렀는지 모르는 바는 아니다. 인생의 숙제가 너무나 무겁고 어려운 것이다. 수업이 어렵고 지겨울 때면 그냥 책을 펴놓은 채 멍하게 앉아있기도 한다. 누구나 그렇게 시간을 때운 경험이 있다. 이 글을 쓰면서 어려운 숙제를 들고 망연자실해 하는 많은 사람들이 모습이 연상돼 안타까운 마음이 든다. 어쩌면 대부분의 숙제는 우리 혼자의 힘만으론 해결할 수 없는 것일지도 모른다. 한나의 예처럼 말이다.

한나는 하나님의 성전에서 이렇게 기도했다.

> "만군의 여호와여 만일 주의 여종의 고통을 돌보시고 나를 기억하사 주의 여종을 잊지 아니하시고 주의 여종에게 아들을 주시면 내가 그의 평생에 그를 여호와께 드리고…"(삼상 1:11)

쉬운 결심이 아니다. 하지만 곰곰이 생각해 보면 놀라운 지혜다. 아이를 낳지 못할 여자가 기도로 아이를 낳았다면 기도를 들어준 하나님이야말로 참 신이며, 평생에 의지할 존재임에 분명하다. 그런 분이 아이까지 돌보아 주신다면 그보다 큰 영광이 어디 있을까. 한나는 아픔의 본질을 꿰뚫은 것처럼 이 문제가 해결된다면 그 해결의 실마리가 어디서부터 시작됐는지 결코 잊지 않겠다고 고백하고 있는 것이다.

한나는 아픔과 고난의 끝에서 하나님을 찾았다!

"당신의 여종이 당신께 은혜 입기를 원하나이다 하고 가서 먹고 얼굴에 다시는 근심 빛이 없더라"(삼상 1:18)

한나는 인생 문제의 열쇠를 쥐고 계시는 하나님을 보았고, 기도했고, 돌아가 평안하였다. 간단했다. 하나님을 보고, 기도하고, 돌아갔다. 그리고 평안을 얻었다. 고통의 사슬에서 해방된 것이다. 어쩌면 우리를 옥죄는 숙제는 이처럼 쉽게 해결되는 일일지도 모른다. 가장 중요한 것은 '하나님'을 보는 것이다. 그분에게 가서 마음을 쏟아 붓는 것이다. 거기에 문제 해결의 열쇠가 있다. 문제를 풀려 아무리 애를 써도 해결되지 않는다면 애먼 사람을 붙잡고 있거나 애먼 데 가서 힘을 빼고 있지는 않은지 돌아보아야 한다.

믿음으로 풀어나가는 인생숙제

나도 주어진 숙제를 잘 풀어보고 싶은 사람 중 하나다. 고민하고, 선택하고, 넘어지고, 어이없어 하다가 또 다시 일어서길 반복했다. 지금도 그렇다. 다른 사람은 어떻게 하고 있나 곁눈질도 했다. 다들 비슷했다. 물론 태어나서부터 하나의 목적을 향해 거침없이 달려간 분도 있다. 예수님이다. 예수님은 주어진 숙제인 인간 구원을 위해 이 땅에서 직선의 삶을 사셨으며 그 숙제를 다 마치시고 승천하셨다. 어떻게 예수님처럼 인생의 숙제를 성공적으로 잘 풀어낼 수 있을까. 답은 의외로 간단하다. '하나님께 나아가는 것'이다.

> "믿음이 없이는 하나님을 기쁘시게 하지 못하나니 하나님께 나아가
> 는 자는 반드시 그가 계신 것과 또한 그가 자기를 찾는 자들에게 상
> 주시는 이심을 믿어야 할지니라"(히 11:6)

고난과 문제의 본질을 찾아 그것을 하나님 앞에 풀어놓고, 기도하며 그분이 해결해 주실 것을 믿는 것이다. 어렵지 않다. 이렇듯 간단한데도 우리는 왜 계속 헤매고 있는 것일까. 숙제를 풀지 못한 채 인생이란 가방에 넣고 다니기만 할까. 꼭 소풍 가면서 단어장을 들고 가는 것과 비슷하다. 아이에게 "왜 그러냐?"고 물으면 대개 "불안해서"란 답이 온다. 불안해서 소풍을 가서도 편히 놀지 못하는 것이다.

어쩌면 우리는 긴 터널 속에 들어선 것과 같다. 터널은 길고 어둡다. 어딘가에 출구가 있다는 것만 알뿐 아무런 정보도, 불빛도 없다. 주변에서 습한 기운이 올라온다. 이상한 소리도 난다. 소리를 질러도 불이 들어오거나 누가 나타나지 않는다. 다른 방법은 없다. 오로지 방향을 잡고 끝까지 가보는 수밖에 없다. 인생이라는 긴 터널을 어떻게 하면

어쩌면 우리를 옥죄는 숙제는 이처럼 쉽게 해결되는 일일지도 모른다. 가장 중요한 것은 '하나님'을 보는 것이다. 그분에게 가서 마음을 쏟아 붓는 것이다. 거기에 문제 해결의 열쇠가 있다.

성공적으로 잘 빠져나갈 수 있을까. 어떻게 해야 터널의 출구에 가까워질 수 있을까.

한나는 문제 해결의 주체인 하나님께 나아갔다. 그리고 광야와 같은 삶의 현장 속에서 구체적으로 개입하시는 하나님의 처방을 통해 인생 숙제를 풀어냈고, 참 평안을 얻었다. '한나의 방법'을 배워야 한다. 그것을 내비게이션 삼아 터널을 탈출해야 한다. 거기에 인생 숙제의 해결과 평안함의 비결이 있다. 터널은 곧 끝난다. 기도하고 믿고 가다보면 희미하게 빛이 보이기 시작한다. 그 빛이 보이기까지 인생의 주인이신 하나님을 신뢰해야 한다. 신뢰가 답이다.

이제부터 사무엘상에 등장하는 사울, 요나단, 다윗 등 여러 실제 인물을 통해 어떻게 그들이 인생의 힘든 숙제들을 풀어냈는지, 그리고 어떻게 그 숙제 앞에서 넘어졌는지를 살펴볼 것이다. 그들의 모습을 통해 우리 또한 스스로를 돌아보고 인생의 지혜를 얻어 보려한다.

2. 고난은 인생의 바로미터

다윗을 모르는 사람은 없을 것이다. 이스라엘의 가장 위대한 왕이며 소년 시절 거인 골리앗을 쓰러뜨린 최고의 장수다. 이스라엘의 국기 가운데 두 삼각형을 겹친 모양을 '다윗의 별'이라고 부른다. 국기 한가운데 다윗의 별을 새긴 것만 보아도 이스라엘 사람들에게 다윗이 어떤 존재인지 알 수 있다. 이렇게 다윗은 이스라엘 최 전성기의 주역이었다고 볼 수 있다.

다윗은 성경 속 그 누구보다 역경이 많았던 인물이다. 언뜻 보면 골리앗을 쓰러뜨린 어린 시절부터 잘나간 인생의 소유자인 것처럼 보이지만 결코 그렇지 않다. 다윗의 인생 중 가장 암담했던 시기가 있다. 사울 왕의 질투를 피해 도망 다니던 때다. 목숨의 위협을 느낀 다윗은 친구이자 사울 왕의 아들인 요나단의 도움으로 궁을 벗어났지만 더 큰 문제가 도사리고 있었다. 주변국의 입장에선 이스라엘의 위대한 장수였던 다윗이 소위 '죽일 놈'이었던 것이다. 집안의 여우를 피해 호랑이가 우글대는 정글로 나온 셈이다. 우리도 이럴 때가 있다. 직장에서 맘이 맞지 않는 상사를 피해 회사를 옮겼다가 다른 직장에서 더 심한 상사를 만나는 듯이 말이다. 다윗의 상황이 딱 그랬다.

집안의 여우, 집밖의 호랑이

많은 학자와 예술가들이 다윗을 연구하고 작품으로 만드는 것은 그에게서 인생의 희로애락이 뚜렷이 드러나기 때문이다. 다윗의 삶은 우리의 인생과 가장 닮았다. 먼저 다윗에게 처절했던 시련의 시간, 사울 왕으로부터의 도피생활을 살펴보자.

"그 날에 다윗이 사울을 두려워하여 일어나 도망하여 가드 왕 아기스에게로 가니"(삼상 21:10)

사울 왕으로부터 벗어난 다윗은 놉 땅의 제사장 아히멜렉에게 갔다. 거기서 잠시 배고픔을 해결하고 골리앗의 칼을 얻었다. 하지만 놉 땅도 사울 왕의 손아귀 안에 있었다. 다윗은 이제 국경을 넘어 블레셋 땅 가드로 간다. 블레셋은 그가 죽인 장수 골리앗의 나라다. 그야말로 호랑이 굴이었다. 그가 가드의 용병이 되었다는 얘기도 있다. 당시에는 전쟁이 빈번했기 때문에 용병제도가 있었고 자연스레 사고무친한 다윗도 용병이 되었다는 견해가 있다. 또 다윗이 이스라엘과 블레셋의 정치적 관계를 이용해 망명했다

> 다윗의 경우와 같이 잘못 들어선 길은 더 큰 어려움을 몰고 올 수 있다. 과거엔 상상치 못한 어마어마한 눈덩이가 되어 우리를 덮친다. 잘못된 선택을 하는 이유는 '두려움' 때문이다.

고도 한다. 일리 있는 생각이다.

아무튼 그는 블레셋을 도울 것처럼 하며 블레셋을 도피처로 삼은 것이다. 하지만 모든 일이 순조롭지는 않았다. 블레셋 안에는 다윗의 충성심을 의심하는 세력이 훨씬 많았고 곧 위험에 처했다. 사울 왕 곁에서는 요나단이라도 있었으나 블레셋 땅에는 아무도 없었다. 당장이라도 그를 죽이자는 사람들에게 둘러싸여 버렸다.

다윗은 위기를 모면하고자 미친척 했다.

"다윗이 이 말을 그의 마음에 두고 가드 왕 아기스를 심히 두려워하여 그들 앞에서 그의 행동을 변하여 미친 체하고 대문짝에 그적거리며 침을 수염에 흘리매"(삼상 21:12~13)

당시 사회에서는 정신 나간 사람을 터부시해서 해치지 않았다고 한다. 그런데 다윗은 사전에 블레셋 땅 안에 자신을 미워하는 세력이 있으리라는 생각을 왜 못 했을까. 물론 다윗이 사면초가의 상황에 처했지만 블레셋 땅으로 가는 것은 바른 선택이 아니었다.

21세기를 사는 우리 인생에도 비슷한 일이 일어난다. 작은 빚을 해결하기 위해 도박이나 주식을 하는 사람이 있다. 나이가 찼다고 서둘러 결혼했다가 낭패를 본 사람도 있다. 고3 입시생 가운데서는 재수를 하지 않으려 적성에도 안 맞는 학과로 진학했다 시간을 허비하는 일도 허다하다. 어려움에 직면했을 때, 우리는 쉽게 잘못된 판단을 하게 된다. 그러나 다윗의 경우와 같이 잘못 들어선 길은 더 큰 어려움을 몰고 올 수 있다. 과거엔 상상치 못한 어마어마한 눈덩이가 되어 우리를 덮친다. 잘못된 선택을 하는 이유는 '두려움' 때문이다. 빚이 점점 늘어나는 게 두려워서, 혼기를 놓치는 것이 두려워서, 친구들은 모두 대학생이 될 텐데 초라하게 재수학원을 다닐 것이 두려워서 우리는 차선책을 찾는다. 누구나 그렇다. 어리석어서가 아니다. 두려우면 판단력이 흐려진다. "차선도 결코 나쁜 것이 아니잖아요"라고 묻는 사람들이 있을 것이다. 물론 그렇다. 그러나 이것 하나만 명심하라. '차선(次善)은 최선(最善)의 가장 큰 적'이라는 사실을. 차선을 찾다 끝내 최선을 이루지 못하고 이 땅을 떠난 무수한 사람들이 있다는 사실을 기억하라. 최선을 찾아야 한다. 그러기 위해서는 두려움을 떨쳐야 한다.

고난이 낳는 잘못된 선택

만약 다윗이 애초부터 어떤 곳에도 속하지 않은 채 바로 광야로 나가 훗날을 도모했다면 그의 인생이 어떻게 됐을까. 결국 그는 광야로 나가게 된다. 어쩌면 고난의 시간을 당장 벗어나려고 아등바등하는 것보다 좀 더 그 고난 속에 들어가 고난을 음미하는 것이 현명할지 모른다. 고난 가운데 시간을 둬 더 머무르는 것이다. 캄캄한 터널을 지나며 앞이 보이지 않을 때는 잠시 멈춰서는 시간이 필요할 수도 있다. 물론 쉽지 않다. 발바닥에 눈에 보이지도 않는 작은 가시만 박혀도 참

을 수 없는 게 사람이고, 인생이다. 하물며 삶을 짓누르는 엄혹한 상
황을 안고 잠잠히 머물러 있기가 어찌 쉽겠는가. 그러나 아무리 힘들
어도 반드시 기다려야 할 때가 있다.

고난의 태풍 속에서 침묵해야 할 때가 우리 인생에는 반드시 찾아
온다. 그때 우리는 섣불리 피하기보다는 담대하게 고난 한가운데를
정면으로 돌파해야 한다. 태풍의 눈을 향해 거센 비바람을 맞으며 낮
디 낮은 자세로 정직하게 걸어 들어가야 한다. 그래야 그 태풍으로부
터 벗어날 수 있다. 우리는 고난의 규모와 모양, 시작과 끝을 알기 위
해 그 고난 안에 머물러야 한다. 고난을 직시하는 것이다. 그것은 두
려운 일이다. 두렵다고 피해선 안 된다. 피하면 고난을 해결할 수 없
고, 다윗처럼 더 큰 시련을 만나게 된다. 누구나 예외 없이 고난과 동
행해야 하는 시기가 있다.

"여호와를 바라고 그의 도를 지키라 그리하면 네가 땅을 차지하게 하
실 것이라"(시 37:34)

나는 도시에서 태어났지만 시골에서 자라며 학창시절을 보냈다.
대학입시에 실패해 재수를 하게 됐을 때, 시골에서의 생활을 원망했
다. '도시에 있었다면 과외도 하고 학원도 다니고 했을 것이고 재수도
하지 않아도 됐을텐데….' 가끔 그렇게 생각하며 나의 자라난 환경을
탓했다. 하지만 목회자가 된 지금은 학창시절을 시골에서 보낸 것이
얼마나 감사한지 모른다. 시골의 자연 속에서 자라며 경험한 다양한

> 우리는 고난의 시기에도 하나님 안에서 '해방감'을 경험할 수 있다. 고난 속에서 우리는 오아시스를 만난다. 거기서 잠시 쉼을 얻을 수 있다. 고난만 있는 것이 아니라 하나님이 만들어주신 안식의 장치들이 있는 것이다.

것들, 특별히 '시골스러움'이 나의 마음의 토양이 되었다. 사람들과의 관계에서 중요한 부드러움과 이해심, 배려 등은 시골의 삶에서 알게 모르게 배운 것들이다. 목회를 하면서 정말 '목회는 만남'이라는 사실을 실감한다. 목사에게 '사람 만나는 것'과 '관계를 잘 맺는 것'보다 중요한 일이 없다. 시골에서의 삶은 나에게 그 관계맺음에 대한 기본적인 좋은 토양을 제공해줬다. 그래서 지금은 시골에서 자란 것을 진심으로 감사하고 있다.

모든 시기의 사건들에는 반드시 '이유가 존재한다'는 믿음은 고난을 이길 힘을 준다. 고통에는 뜻이 있다! '모든 것을 선으로 바꾸시는 하나님'(롬 8:28)이 계시기 때문이다. 잘못된 판단을 할 수도 있고, 잘못된 길로 들어설 수도 있다. 아무리 고난과 기쁘게 동행을 해도 어떤 깨달음도 없을 때가 있다. 그럼에도 '하나님께서 그 모든 것들을 모아 선한 무언가를 만드시리라'는 믿음을 지녀야 한다. 그 믿음이 있는 자들은 결코 고난에 함몰되지 않는다. 고통에서 뜻을 발견하려 하기 때문이다. 그러다보면 고통은 변장된 축복이라는 사실을 깨닫게 된다. "하나님은 선하시다"라는 말씀이야말로 우리로 하여금 고난이라는 폭풍 앞에서 겁먹지 않게 도우며 한숨 돌릴 수 있는 휴식을 준다.

우리는 고난의 시기에도 하나님 안에서 '해방감'을 경험할 수 있다. 고난 속에서 우리는 오아시스를 만난다. 거기서 잠시 쉼을 얻을 수 있다. 고난만 있는 것이 아니라 하나님이 만들어주신 안식의 장치들이 있는 것이다. 그것을 발견하며 인내해야 한다. 고난에서 금방 벗어나기 위한 조급한 선택으로 인해 오히려 더 큰 어려움을 만날 수 있다. 다윗처럼 말이다. 지금 당신에게 보이는 것이 신기루인지, 오아시스인지를 파악해야 한다. 신기루에 속지 말자. 오아시스는 사막 안에 있다. 인생의 사막에 머물며 오아시스를 준비해 두신 하나님 안에서 내 아픔의 실체와 직면해야 한다. 거기서 해답의 실마리가 풀려진다. 다른 방법은 없다.

스스로의 크기를 가늠하는 시간

우리는 모두 이런 저런 모양으로 삶의 고난과 동행해야 한다. 그렇게 동행할 때, 고난의 실체를 알아낼 수 있다. 그 실체를 알아야 거기서 벗어날 수 있게 된다. 길을 가다 돌부리에 걸려 넘어진 사람이 있다. 누군가는 '재수 없는 일'로 치부하겠지만 누군가는 다음 사람을 위해 돌을 치운다. 고난은 알면 알수록 우리를 자라나게 한다. 그렇다고 주구장창 깨지고 넘어지란 말이 아니다. 그런 인생을 사는 것은 누구나 싫어한다. 다만 고난을 섣불리 피하려 하지 말라는 것이다. 그걸 알아야 거기서 나올 수도, 제대로 동행할 수도, 건너뛰거나 치울 수도 있기 때문이다. 그런 시기를 지날 때 우리는 성장할 수 있다.

미친 척하며 블레셋 땅에서 목숨을 부지했던 다윗은 훗날 왕이 되었다. 그는 정말 치열하게 고통의 시간과 동행했다. 왕이 된 다윗은 이렇게 고백한다.

"여호와의 선하심을 맛보아 알지어다 그에게 피하는 자는 복이 있도다"(시 34:8)

누가 여호와의 선하심을 맛보아 알 수 있는가. 고난과 직면한 사람이다. 고난 가운데 여호와 하나님의 섭리를 경험한 사람이다. 다윗이 미친 척을 하며 목숨을 부지하려 할 때 정말 하나님이 곁에 계셨을까? 그랬을 것이다. 다윗은 그렇게 믿었고, 고백했고, 끝내 왕이 되었다. 그는 고난을 끌어안고 자라났다. 하나님이 다윗을 충분히 성장시키기 위해서 '고난의 학교'에 입학시키신 것이다. 다윗이 충분히 자랐을 때, 사울 왕이라는 장벽은 뛰어넘고도 남는 작은 돌부리에 지나지 않았다. 결과적으로 다윗은 사울 왕보다 훨씬 더 크고 견고한 왕국을 건설할 수 있었다.

우리는 장애물의 실체를 잘 모른다. 그러면서 두려워한다. 그리고 잘못된 판단과 선택을 하며 고난이 사라지기만을 바란다. 하지만 우리가 담대하게 고난을 끌어안고 들여다볼 때, 그 고난을 이길 수 있다. 상대의 실체를 알지도 못하면서 이기길 기대하는 것은 어불성설이다. 우리가 고난을 다스리게 될 때, 그것은 또 다른 힘이 되어 우리를 돕고 성장의 촉매제가 될 것이다. 고난을 통해서 자신의 크기와 강함을 알 수 있다. 고난을 통해 우리는 인생의 방향이 옳은지를 정확히 판단할 수 있다. 집으로 들어가 여우를 잡아야 할지, 정글에서 호랑이를 사냥해야 할지를 알게 된다.

고난의 길에서 가장 중요한 일은 하나님의 선하심을 의심하지 않는 것이다. 하나님의 선하신 인격을 믿는 자라야만 악에 받쳐 겨우 참는 것이 아니라 감사함으로 고난을 바라보게 된다. 그러면 고난 가운데에서도 기뻐할 수 있다. '저것이 결국 나를 성장시키겠구나!'라고 받아드릴 수 있는 것이다.

고난을 통해 우리의 마음의 용량, 삶의 지평이 넓어진다. 인격이 단련된다. 무엇보다 비로소 스스로를 알게 된다. 다윗처럼!

3. 광야, 기회의 시간

사람이 절대 감출 수 없는 세 가지는 사랑, 가난, 재채기라고 한다. 사랑하는 사람 앞에서 저절로 붉어지는 볼, 코를 간질이는 재채기, 습관처럼 묻어 나오는 가난은 아무리 감추려 해도 감출 수 없다는 것이다. 또한 인생에서 피할 수 없는 세 가지는 죽음, 세금, 변화라고 한다. 일리가 있다. 태어난 이상 죽지 않을 수 없고, 물 한 병에도 세금이 포함된다. 나이가 들어 육체와 생각이 변하는 것을 막을 도리가 없다. 그 세 가지에 하나를 더 추가하자면 인생 광야다. 이 땅을 사는 사람은 누구나 인생에서 부닥치는 광야를 피할 도리가 없다. 누구나 그곳을 거치게 된다. 모든 인생길은 광야로 통하며, 광야를 지나간다.

그럼 광야란 무엇일까. 사전적으로 광야는 '텅 비고 아득하게 너른 들'을 의미한다. 성경에서 광야란 용어는 사막과 거의 동일하게 사용된다. '불모지'를 지칭하는 것이다. '광야를 읽다'(두란노, 2015)란 책에서 저자는 말한다.

"광야에서는 성공이 목표가 아니다. 정상에 오르는 것이 목표가 아니다. 무사히 빠져나가는 것이 목표다. 살아남는 것이 목표다. 광야에서는 살아남기만 해도 성공하는 것이다."

'사막을 건너는 여섯 가지 방법'(김영사, 2011)의 저자 스티브 도나휴는 사하라 사막을 종단한 사람이다. 그는 "나의 최고의 스펙은 사막을 경험한 것"이라고 말했다. 그는 "사막에서는 지도가 아닌 나침반을 봐야 하며 모래폭풍에 갇히면 타이어 바람을 빼야 한다"고 언급했다. 상식과는 다른 얘기지만 예측이 불가능하고 불확실성이 가득한 사막에서는 통하는 조언이다. 그의 말대로 광야에서는 상식이 통하지 않는다. 거기서는 일상과는 다른 생각과 행동을 해야 한다. 그 '다름'이 광야를 지나는 사람들을 성장시킨다.

모든 인생은 광야로 통한다

앞서 다윗이 블레셋 땅에서 고전하는 것을 보았다. 미친 척하며 아기스 왕으로부터 벗어난 다윗은 이스라엘의 석회암 지역인 아둘람 굴로 갔다. 그가 소년 시절 골리앗과 싸웠던 엘라 골짜기가 보이는 곳이다. 거기서 다윗은 무슨 생각을 했을까.

'그땐 좋았지. 다 잘 될 줄 알았지.'

광야의 지는 해를 바라보며 그렇게 한탄의 시간을 보냈을까? '굶어 죽지나 않을까, 누가 또 잡으러 오지나 않나'하며 걱정했을까? 아니다. 혼자였던 다윗에게 하나둘 따르는 무리가 생겼다. 그는 그들의 리더가 되었고 모든 것을 하나님과 의논할 정도로 믿음이 굳건해졌다. 이제 미친 척하는 유약한 다윗은 없다. 광야에서 그는 '믿음의 야성

(野性)'을 회복했다. 다윗은 이전처럼 위대한 장수가 되었다. 상황은 바뀌지 않았지만 그는 강해졌다. 더 이상 헛된 것을 의지하지 않게 되었다. 비로소 그는 '다윗'으로 우뚝 서게 된 것이다. 광야의 그는 더 이상 왕의 사위도, 왕자의 친구도, 공주의 남편도 아니었다. 오로지 '다윗으로' 평가받았다. 가진 것은 없을지라도 그에게는 모든 것을 능가하는 더 강력한 무언가가 있었다. 그는 만군의 하나님의 기름부음을 받은 자였던 것이다. 광야는 잠자던 그의 정체성을 다시 일깨워줬다.

이 세상에서 사람들은 누구의 친구, 누구의 연인, 누구의 자녀 등 수식어로 평가받는다. 그러나 수식어나 외적 관계는 우리 자체를 속속들이 드러내지 않는다. 수식어는 오히려 우리를 가릴 때가 더 많다. 그것은 '명함의 앞면'이다. 명함의 앞면에는 온갖 수식어들이 있다. 그 수식어를 위해 치열하게 경쟁한다. 어쩌면 그것이 유한한 삶을 사는 인생인지 모른다. 그러나 진정한 인간의 가치는 명함의 앞면이 아니라 뒷면에 있다. '명함의 뒷면'은 잘 보이지 않지만 거기에 적힌 것이야말로 그 사람의 인간됨을 더 잘 표현한다. 세월이 흐르면 안다. 명함의 앞면보다는 명함의 뒷면에 적힌 것이 더 중요하다는 사실을. 당신의 명함의 뒷면에는 무엇이 쓰여 있는가?

> 상황은 바뀌지 않았지만 그는 강해졌다. 더 이상 헛된 것을 의지하지 않게 되었다. 비로소 그는 '다윗'으로 우뚝 서게 된 것이다. 광야의 그는 오로지 '다윗으로' 평가받고 있었다. 광야는 잠자던 그의 정체성을 다시 일깨워줬다.

광야는 모든 수식어를 순식간에 날려버린다. 거기서는 오로지 스스로 내가 누구인지를 증명해야 한다. 그 광야의 시간에서 한 인간이 과연 광야를 건널 능력이 있는지 여부가 분명히 드러난다.

문제를 마주하는 시간

아둘람 굴에 있던 다윗에게 인근 마을 그일라의 소식이 들려왔다. 블레셋 사람들이 그일라 주민들의 한 해 수확물을 약탈한다는 것이다. 그일라는 국경 마을이기 때문에 수탈이 비교적 쉬웠다. 이전이라면 당장 떨치고 일어서겠지만 다윗은 그럴 처지가 아니었다. 쉽게 말해 '제 코가 석자'였다. 도망자 주제에 돕겠다고 나섰다가 괜히 은신처만 노출시키는 꼴이 될 수도 있다. 합리적으로 보면 그일라 주민들을 위해서는 사울 왕이 나서야 했다. 주민을 보호하는 것은 왕의 일이지 도망자 다윗의 일은 아니었다. 그런데 다윗은 하나님께 물었다. 답이 들려왔다.

> "여호와께서 다윗에게 이르시되 가서 블레셋 사람들을 치고 그일라 를 구원하라"(삼상 23:2)

만약 우리가 다윗을 따르는 사람 중 하나라면 다윗에게 이렇게 말했을지 모른다. "당신의 하나님께 먼저 당신을 좀 구원하라고 하소서." 실제로 다윗의 무리는 그일라를 위해 나서는 것에 부정적이었다. 너무나 위험 부담이 컸기 때문이다. 이는 예수님이 십자가를 질 때 유대 사람들이 했던 말과 일맥상통한다.

"네가 만일 하나님의 아들이어든 자기를 구원하고 십자가에서 내려오라 하며"(마 27:40)

우리는 광야의 시간 속에서 이와 같은 빈정거림과 의심을 경험하기도 한다. 사람들은 끊임없이 "당신은 왜 광야에 있느냐?"고 묻는다. 다윗은 사람들의 말을 듣지 않았다. 광야에서 또렷이 들리는 하나님의 말씀에 순종해 그일라를 위협하는 블레셋 군대를 물리쳤다. 숨지 않고 스스로를 드러낸 것이다. 그럼으로써 이제 더는 두려움에 떨지 않는 사람이 되었다는 것을 보여주었다.

광야는 쉽게 변하지 않는다

나는 대입 재수생 시절을 겪었다. 재수생은 그저 대입 준비생에 불과하다. 하지만 대부분이 그렇게 보지 않는다. '대입 실패생'으로 본다. 스스로도 그렇게 느낀다. 우리는 너무나 쉽게 '실패'라는 말에 방점을 찍기 때문이다. 이런 시선을 받다보면 주눅이 들게 마련이다. 두려워진다. 두려움에 사로잡히면 자칫 판단력이 흐려질 수 있다.

얼마 전 모 교사가 자신이 근무하는 학교에 다니는 쌍둥이 자녀를 위해 시험지를 빼돌렸다는 의혹을 받았다. 법정 공방 끝에 결국 대법원에서 3년형이 최종 확정되었다. 그저 기사로만 접했으니 그 내밀한 사정을 어떻게 알겠는가. 다만 교사이자 부모로서 자녀의 성적 앞에 두려움을 느꼈을 거라 짐작할 뿐이다. 그 교사는 두려움으로 인해 일탈행위를 하지 않았을까 싶다. 결국 광야라는 환경 자체보다 그 환경이 주는 두려움이 더 큰 문제가 된다.

그일라를 쳤던 다윗에게는 어떤 대가가 주어졌을까? 그일라 주민들의 환대 속에 재기의 발판을 마련하게 됐을까? 아니면 다윗의 업적이 온 땅에 퍼져 명성을 되찾고 충분한 재원도 얻었을까? 전혀 아니다. 그일라 사람 누군가 사울 왕에게 다윗의 위치와 상황을 일러바친 것이다. 철저한 배신이다. 나라를 위해 싸웠으나 나라에서 쫓겨났다. 다시 한 번 그일라를 위해 싸웠으나 그일라 사람들의 배신으로 또 도망가는 신세가 됐다. 광야라는 환경은 쉽게 변하지 않는다. 드라마틱한 반전은 별로 없다. 그리니치 천문대의 시계처럼 광야의 시간은 정확하며 정직하다. 한 치의 오차도 없다.

다윗은 그일라 주민의 안전을 생각해 스스로 그곳을 떠났다. 또 다른 낯선 광야로 밀려나게 되었다. 아무것도 얻은 게 없는 것처럼 보였다. 그러나 내 눈에는 그렇게 보이지 않았다. 그일라를 친 사건을 통해 다윗은 장수로서 여전히 건재함을 과시했다. 그 사건을 통해 다윗의 능력과 더불어 인격을 볼 수 있다. 약한 자를 돕고 대가에 연연하지 않는 뛰어난 리더십을 보게 되는 것이다.

광야, 기회의 시간

광야는 우리를 드러내기 좋은 곳이다. 능력을 시험하기에도 더할 나위 없이 좋다. 그래서 인생에 광야가 존재하는지 모른다. 광야의 시간은 우리의 크기를 가늠할 수 있는 시간이다. 광야에서 다윗이 상식적으로만 행동했다면 어땠을까? 밀고자를 색출하려 온갖 노력을 다했을 것이다. 그것이 세상의 상식이다. 자신을 배신한 그일라 주민들을 벌해서 본보기를 보이고 권위를 세울 수도 있었다. 그러나 다윗은 광야에서 이전의 방식을 모두 버렸다. '상식의 지도'를 버리고 '하나님이라는 나침반'을 보았다. 철저히 하나님을 신뢰했다. 그분에게 묻고 그 대답대로 따랐다.

광야에 있다면 광야의 법을 따라야 한다. 고난을 끝내는 데만 집중하지 말고 고난과 나의 관계, 그 가운데 역사하는 하나님의 섭리를 심사숙고해야 한다. 모래 폭풍이 불어올 때는 타이어 바람을 빼야 하듯 고난의 자리에서는 힘을 빼고 잠잠히 머물러야 한다. 폭풍이

> 광야는 우리를 드러내기 좋은 곳이다. 능력을 시험하기에도 더할 나위 없이 좋다. 그래서 인생에 광야가 존재하는지 모른다. 광야의 시간은 우리의 크기를 가늠할 수 있는 시간이다.

지나가면 발을 내딛기가 훨씬 수월해질 것이다. 숨을 고르고 있어야 한다. 블레셋 땅으로 들어갔을 때의 다윗과 광야의 다윗은 확실히 다르다. 광야에서의 그는 누구의 눈치도 보지 않는다. 오로지 하나님만 의지하고 있다. 강하지만 잠잠하다. 그래서 더 이상 사람에게 실망하지 않을 수 있게 됐다. 모든 기대를 사람이 아니라 하나님에게만 하고 있었기 때문에.

광야에서 발견하는 하나님

광야에서 괜한 기대를 품을 때가 종종 있다. '길동무가 있었으면…. 지금이 좀 넉넉해서 비록 광야 생활이지만 풍요로웠으면….' 군 입대를 앞두고 편한 군 생활을 기대하며 전전긍긍하는 것과 같다. 출산을 앞둔 산모가 갖는 불가능한 바람이 있다. 아이를 낳을 때, 아프지 않기를 바라는 것이다. 그러나 생명의 탄생을 위해선 아프지 않을 수 없다. 개인차가 있고 통증을 완화시켜주는 여러 방법이 있겠지만 결국 아플 수밖에 없는 게 출산이다. 마찬가지로 광야에서의 삶도 힘들 수밖에 없다. 헛된 바람을 지녀선 안 된다. 그 바람이 이뤄지지 않게 되면 훨씬 더 쉽게 무너지게 되기 때문이다.

왕에게 쫓기는 도망자에게 자신이 도왔던 사람들로부터 배신당한 사건은 사막에서 모래 폭풍을 만난 것과 같다. 다윗은 오랜 시간 광야 자체를 묵상했음에 분명하다. 그가 광야의 속성을 잘 알고 있음을 성

> 인생 광야가 존재하는 이유는 바로 그곳에서 인생의 정답이 되시는 주 예수 그리스도를 만날 수 있기 때문이다. 광야, 메마른 그곳은 전능자 하나님을 만나고 그 구원의 은혜를 더 깊이 경험할 수 있는 소중한 기회의 장소다.

경 속 행적을 보아 알 수 있다. 일희일비하지 않고 묵묵히 광야를 걸으며 하나님과 동행하는 다윗의 모습이 그려진다.

찰스 스펄전 목사는 "인생을 평가해 볼 때, 고통이라는 엄격한 경작을 통해 갈아엎어진 자리에 거름을 주었을 때 외에는 은혜 안에서 실질적으로 거의 성장하지 못한 것 같다"고 말한다. 고난과 고통으로 기경된 삶을 통해서 성장이 이뤄졌다는 뜻이다.

이렇듯 광야는 메마른 곳이지만 분명한 성장의 땅이기도 하다. 아니, 스펄전 목사의 말대로 대부분의 성장은 광야에서 이뤄진다.

광야에는 우리를 기다리시는 하나님, 영원한 중보자 예수님이 계시다. 하나님은 귀를 열고 우리의 신음소리까지 듣고 계신다. 고통 중에 있는 우리를 하나님이 지켜보고 계시는 것이다. 또한 우리의 중보자이신 예수님이 기도하고 계신다. 사랑 많으신 그분은 우리를 결코 광야에 홀로 내버려두지 않으신다. 광야에서 하나님이 다윗의 동행자가 되어 주셨던 것처럼 21세기의 광야 길을 걷고 있는 우리와 동행해 주신다. 예수님은 변함없이 기꺼이 중보자가 되어 주신다. 그러니 광야는 고통스럽지만 경험할 만한 가치가 있는 땅이다. 그곳에서만 만날 수 있는 특별한 하나님의 은혜가 존재하기 때문이다. 아무것도 보이지 않는 캄캄한 곳이기에 빛을 더 쉽게 발견할 수 있다. 순백의 빛으로 오신 예수님이 더 잘 보이는 곳이 바로 광야다.

이것이 우리 인생에 광야를 주신 하나님의 뜻이다. 인생 광야가 존재하는 이유는 바로 그곳에서 인생의 정답이 되시는 주 예수 그리스도를 만날 수 있기 때문이다. 그분은 "내가 곧 길이요, 진리요, 생명이다"라고 하셨다. 광야에서 우린 길과 진리, 생명 되시는 예수님을 만나며 전능자의 그늘에 거할 수 있다.

광야, 메마른 그곳은 전능자 하나님을 만나고 그 구원의 은혜를 더 깊이 경험할 수 있는 소중한 기회의 장소다.

4. 왕을 찾는 인생

아흔한 살이 되신 한 권사님을 방문한 적이 있다. 움직이지도, 음식을 드시지도 못하시는 권사님이셨다. 그런데 방안에 들어서자 시편 23편을 암송하는 목소리가 들렸다.

"여호와는 나의 목자시니 내게 부족함이 없으리로다"(시 23:1)

우리는 모두 인생에서 부족함이 없기를 소망한다. 안전을 위해 우상이라는 허수아비를 세워 참새라는 고난을 쫓아버렸다. 하지만 그 것으로 충분하지 않다는 것을 알게 됐다. 참새는 허수아비 위에도 앉는다. 우리의 생사화복은 헛된 우상이 아닌 하나님의 손에 맡겨져 있다. 참새도 허수아비도, 우리 모두도 하나님의 시선 아래 있다. 그러므로 우린 아흔한 살 권사님의 고백처럼 하나님만으로 부족함이 없음을 깨달아야 한다. 우리가 시선을 둘 곳은 세상의 수많은 우상이 아니라 오직 하나님 한 분뿐이다.

아이를 낳지 못해 슬피 울던 여인이었던 한나는 결국 사무엘이라는 이름의 아들을 낳았다. 그녀의 서원대로 사무엘은 하나님께 쓰임을 받았다. 이스라엘 역사에서 사무엘은 아주 중요한 인물로 제사장이 되어 처음으로 이스라엘의 왕을 세웠다. 또한 다윗을 차기 왕으로 기름 부어 이스라엘이 굳건한 왕국으로 가는 초석을 다졌다. 세월이 흘러 사무엘이 늙어 은퇴가 다가왔을 때 이스라엘 사람들은 왕을 요구하기 시작했다.

> "보소서 당신은 늙고 당신의 아들들은 당신의 행위를 따르지 아니하니 모든 나라와 같이 우리에게 왕을 세워 우리를 다스리게 하소서"(삼상 8:5)

그의 두 아들 요엘과 아비야는 사사였지만 뇌물을 받고 잘못된 판결을 내려 평판이 좋지 않았다. 이런 와중에 사무엘이 늙어가니 이스라엘 사람들이 불안해하는 것은 당연한 일이었다. 그래서 그들은 왕을 요구한 것이다. 자신들을 제대로 다스리며 전쟁에 나가 싸워 이길 수 있는 막강한 존재를 필요로 했던 것이다.

왕을 요구하다

어떻게 보면 이스라엘 사람들의 요구는 자연스러운 것이었다. 이제 블레셋이나 여타 나라들처럼 제대로 굳건한 국가의 형태를 갖추고 싶었을 것이다. 그러면 침략의 위험도 덜할지 모른다는 생각을 했을 수 있다. 그러나 그들이 원했던 것은 하나님의 질서가 아닌 세상의 질서였다. 자신들과 재산을 지켜줄 가시적이며 조직적인 강건한 존재였다. 하지만 하나님의 질서는 세상의 질서와는 다르다. 그러므로 하나님의 뜻대로는 자신들의 욕구가 충족되지 않는다는 사실을 느꼈을 것이다. 하나님이 이스라엘 백성들에게 원하셨던 것은 육신의 욕망에 휘둘리지 않는 거룩한 삶을 사는 것이었다.

이때 이스라엘 민족은 '모든 나라와 같이'라는 표현을 쓴다. '선택받은 백성'이 되기보다 '모든 나라와 같이' 되길 원했던 것이다. 주변 나라들을 둘러보니 모두 '왕'이라는 제도를 둬서 더 군건하고 더 넓은 왕국을 건설하고 있었다. 이스라엘 사람들의 눈에는 그것이 좋아 보였던 것이다.

"우리도 다른 나라들 같이 되어 우리의 왕이 우리를 다스리며 우리 앞에 나가서 우리의 싸움을 싸워야 할 것이니이다"(삼상 8:20)

이스라엘 백성들에게는 타국의 위엄 있는 왕, 일사불란한 조직과 군사, 눈에 보이는 체계와 질서가 좋아 보였다. 그들이 지금까지 의지했던 제사장은 조직을 만들고, 이를 유지 관리하는 역할을 하는 사람이 아니었기 때문이다.

이스라엘 민족의 왕에 대한 욕망은 우리가 갖는 안정에 대한 욕구와 다르지 않다. 왕은 '우상'의 또 다른 용어일 뿐이다. 이왕이면 선진국, 되도록이면 대기업, 비슷한 급이면 중앙 부처, 같은 돈이면 스카이(SKY) 대학, 배우자도 학벌과 재력을 갖춘 사람…. 이렇게 우리는 누구나 든든한 우상을 원한다. 그것이 훨씬 더 안전하고 커 보이기 때문이다.

모래 위에 쌓는 성, 우상

2011년 3월 11일에 무슨 일이 있었는지 기억하고 있는가. 일본 동북부 지역에 대규모 지진과 쓰나미가 몰아닥쳤다. 후쿠시마에 있던 원자력발전소가 바닷물에 잠기면서 방사능 누출사고까지 발생했다. 선진국 일본도 자연재앙 앞에 속수무책으로 당할 수밖에 없었다. 물론 선진국이니 사고수습은 빨랐다. 하지만 2만 명 이상의 사망자 및 실종자가 보고되었고 10만 명 이상의 피난민이 생겼다. 피해액은 제대로 추산조차 할 수 없을 정도였다. 지금까지도 방사능 누출로 피해가 계속되고 있기 때문이다.

2001년 9월 11일이 무슨 일이 일어났는지는 대부분 알고 있을 것이다. 이슬람 테러단체가 비행기를 납치해 뉴욕의 세계무역센터 빌딩을 무너뜨렸다. 그곳에서 일하던 90여 개 국의 3000명에 달하는 사람들이 목숨을 잃었다. 그날의 뉴스를 보면서 망연자실했던 기억이 생생하다. 미국의 심장부인 뉴욕의 세계무역센터에서 일하던 수많은 나라의 엘리트들의 업적들이 재로 변했다. 끔찍한 재앙이었지만 많은 사람들에게 생각의 계기를 주었다. 두 개의 재앙 모두 이제껏 우리가 믿었던 것이 전부가 아닐지도 모른다는 반성을 하게 만들었던 것이다.

얼마 전 선풍적인 인기를 끌었던 드라마 '스카이캐슬'은 자녀를 일류 의대에 보내기 위해 이기적인 선택을 서슴지 않는 학부모들의 모습을 사실적으로 보여주었다. 그것은 드라마가 아니라 지금 한국 땅에서 일어나고 있는 현실이다. 과장됐다고 말이 많았지만 우리나라의 높은 청소년 자살률을 볼 때, 가족 안에서 돌파구를 찾지 못하는 청소년의 현실은 드라마와 다르지 않다. 우리 아이들이 과도한 학업경쟁에 몰려 있는 상황은 어제오늘의 일이 아니다. 특히 학벌이나 소득이 높은 부모일수록 자녀에게 쉽게 만족하지 못한다고 한다. 자녀를 보며 '나는 이랬는데 너는 왜'라고 생각하게 되는 것이다.

21세기 들어 우리는 선진국, 대기업, 일류대학 등 안전을 보장했던 가치들이 무참히 깨어지는 결과를 자주 접한다. 그런 뉴스를 마주하면서 영원한 가치는 없다는 사실을 깨닫게 된다. '어쩌면 우리가 쫓던 가치가 우상은 아니었나'라는 고민도 하게 된다.

우상에는 몇 가지 공통점이 있다. 일단 눈에 보인다. 손을 뻗으면 닿을 것 같고, 얻으면 고난은 사라질 것 같지만 실상은 그렇지 않다. 우상은 다른 가치와 나를 비교할 때 생긴다. 그 가치는 철저히 인간에 의해 만들어진 거짓 가치다. 선진국에 산다면, 큰 조직에서 일한다면, 일류 대학을 나온다면, 부자 집에서 태어난다면… 설령 그렇다면 무엇을 더 얻을 수 있을까? 물론 그렇지 않은 것과는 다를 수 있다. 쉬운 인생을 살지도 모른다. 그러나 그렇게 산다고 과연 행복할까? 모든 걱정에서 해방될 수 있을까? 정말로 그렇다면 고민할 필요가 없다. 그런 가치들을 위해 치열하게 달려가야 한다. 그 가치들이 인생을 보장할 수만 있다면 말이다.

하지만 아니다. 아니라는 걸 우리는 이미 알고 있다. 분명한 사실은 그 모든 것을 얻은 삶의 끝에 예외 없이 '죽음'이 기다린다는 것이다. 그래서 우리는 인생의 답을 찾아야 하는 것이다. 지금 무엇을 놓치고 있지

> 우상에는 몇 가지 공통점이 있다. 일단 눈에 보인다. 손을 뻗으면 닿을 것 같고, 얻으면 고난은 사라질 것 같지만 실상은 그렇지 않다. 우상은 다른 가치와 나를 비교할 때 생긴다. 그 가치는 철저히 인간에 의해 만들어진 거짓 가치다.

는 않은지 돌아봐야 한다. 어떻게 죽음을 맞이해야 할지를 고민해야 하는 것이다. 우상은 허수아비와 같아서 종국에는 무가치함이 분명하게 드러난다. 그 무가치한 우상만을 좇다가 죽음을 맞이할 것인가. 심각히 고민해야 한다.

허수아비 우상은 답이 아니다

왜 이스라엘 민족은 하나님께 "블레셋의 왕보다 강하게 우리 이스라엘을 지키시고 영원히 강건하도록 해주십시오"라고 요구하지 않았을까? 우리는 왜 다른 어떤 가치보다 하나님에게 집중하지 않을까?

우상은 답이 아니다. 그것은 허수아비다. 허수아비로서 인생을 구원하지 못한다. 유한한 존재인 사람이 세운 것이기 때문이다. 우상은 비록 사용하더라도 그것 자체가 목표가 되어서는 안 된다.

눈에 보이는 우상을 잡는 일에 익숙해져 있기 때문이다. 기도와 순종, 하나님의 은혜로 살아가는 삶에 익숙하지 않기 때문이다. 어쩌면 우리는 지금 하나님을 놓치며 살고 있지 않은지를 심각하게 생각해봐야 한다. 허수아비 우상을 좇으며 정작 실재이신 하나님을 놓치는 삶을 사는 것이야말로 가장 어리석은 일이다.

우리는 왕을 잡고 있는 손을 놓아야 한다. 정확히 말하면 왕을 뛰어넘는 가치를 찾아야 한다. 우상이 아닌 진짜 가치, 하나님을 만나야 한다. 우리는 다시 출발점에 서야 한다. 유진 피터슨은 이렇게 말했다. "출발점에서 우리가 배우지 않으면 안되는 단어가 있다. 바로 '하나님'이다. '하나님'이라는 단어를 배움으로써 우리는 언제나 진실하며 인격적이라는 점에서 우리보다 우월한 존재를 경험할 능력을 갖게 된다." 우리는 이제 다시 한 번 하나님을 알고, 배우고, 따라야 한다. 거기서 새로운 출발, 다시 시작할 힘을 얻게 된다.

성경 전도서에는 인생을 관통하는 말들이 많다.

"내가 다시 해 아래에서 보니 빠른 경주자들이라고 선착하는 것이 아니며 용사들이라고 전쟁에 승리하는 것이 아니며 지혜자들이라고 음식물을 얻는 것도 아니며 명철자들이라고 재물을 얻는 것도 아니며 지식인들이라고 은총을 입는 것이 아니니 이는 시기와 기회는 그들 모두에게 임함이라"(전 9:11)

참으로 놀라운 말씀이다. 누구도 이기고, 승리하며, 얻는 결과를 장담할 수 없다는 얘기다. 9.11테러 당시 세계무역센터의 입구에서 생사가 갈린 사람들이 있다. 비행기 테러 현장에 있었지만 누구는 살고 누군가는 죽었다. 우린 그 삶과 죽음을 가른 이유를 정확히 알 수 없다. 하지만 그것이 인생이다. 이렇게 불확실한 인생을 살면서 눈에 보이는 우상을 잡고 안전하다며 자족하는 삶이 얼마나 무모한가. 안개가 자욱한 터널에선 아무리 좋은 안경도 쓸모가 없다. 우상을 꽉 움켜쥘수록 인생은 더욱 더 많은 물음표를 던질 것이다.

우상은 답이 아니다. 그것은 허수아비다. 허수아비로선 인생을 구원하지 못한다. 유한한 존재인 사람이 세운 것이기 때문이다. 일류 대학도, 기업이나 나라도 인생을 구원하지 못한다. 구원은 오직 예수 그리스도만으로 얻어질 수 있다. 그러니 우상은 비록 사용하더라도 그것 자체가 목표가 되어서는 안 된다. 오직 하나님의 나라만이 우리의 목표가 되어야한다.

"여호와는 나의 목자시니 내게 부족함이 없으리로다"

5. 인생을 이끄는 보이지 않는 힘

　미국 메이저리그 텍사스 레인저스의 추신수 선수는 2005년 혈혈단신 미국으로 건너가 2013년 아시아 출신 메이저리거 최초로 1억 달러 이상의 계약을 맺은 입지전적인 인물이다. 가끔 방송을 통해 추 선수의 미국 생활 초기 고생담과 각고의 노력을 들어보면 그의 성공이 결코 우연은 아니라는 생각이 든다. 초창기엔 너무나 돈이 없어 구단에서 나눠주는 간식을 집으로 가져와 아내와 함께 저녁으로 먹었다는 일화는 그가 얼마나 치열한 삶을 살았는지 우리로 가늠할 수 있게 한다. 한때 부진을 겪다 기량을 되찾은 추 선수에게 한 기자가 슬럼프에서 탈출 할 수 있었던 비결을 물었다. 추 선수는 이렇게 대답했다. "1 더하기 1이 2인 것은 누구나 다 알고 있습니다. 하지만 그대로 되지 않는 것이 스포츠, 그중에서도 특히 야구입니다. 잘 때린다고 안타가 되는 건 아니죠. 통제할 수 없는 부분에 대해서는 마음을 비웠더니 오히려 슬럼프에서 벗어날 수 있었습니다." 그는 30년 가까이 야구를 했지만 공을 자기 힘으로 통제할 수 없었다고 말했다. 우리 인생도 마찬가지다. 평생을 노력해도 완벽하게 통제할 수 없는 것이 인생이다. 인생의 생사화복은 하나님의 손에 달려 있다.

통제 불가능한 인생

21세기 들어 부쩍 늘어난 것이 쓰나미, 지진과 같은 대규모 자연재해다. 전문가들은 환경오염 때문에 기후 예측이 점점 더 어려워진다고 말한다. 2018년 여름에 강타한 폭염, 갑자기 쏟아진 우박, 전 국민을 깜짝 놀라게 했던 포항의 지진을 통해 우리가 얼마나 불가항력적인 상황 속에 살고 있는지를 실감한다. 이번 코로나바이러스 사태를 통해서 경험하듯 대규모 자연재해나 예기치 않은 질병 앞에 우리의 계획은 무력해진다.

자연재해만이 문제일까? 1997년 11월 21일은 우리나라가 국제통화기금(IMF)에 구제 금융을 신청했던 날이다. 대한민국이란 나라가 부도 처리 된 날이었다. 정리 해고, 명예퇴직으로 많은 분들이 일자리에서 쫓겨났다. '철밥통'이라고 굳게 믿었던 안전한 직장이 사라졌다. 초등학생 사이에 한때 유행했던 노래가 있다. 1998년에 발매된 한스 밴드의 '오락실'이라는 노래다.

시험을 망쳤어 오, 집에 가기 싫었어
열 받아서 오락실에 들어갔어
어머 이게 누구야 저 대머리 아저씨
내가 제일 사랑하는 우리 아빠
장난이 아닌 걸 또 최고 기록을 깼어
처음이란 아빠 말을 믿을 수가 없어

용돈을 주셨어 단 조건이 붙었어

엄마에게 말하지 말랬어

가끔 아빠도 회사에 가기 싫겠지

엄마 잔소리 바가지 돈 타령 숨이 막혀

시험을 망치고 오락실에 갔다가 아빠를 만났다는 얘기다. 아이는 어려서 아빠가 강제 퇴직 당한 사실을 알지 못한다. 노래가 나왔을 당시에 많은 가장들이 퇴직 사실을 숨기고 공원이며 시내를 떠돌았다. 그 전까지는 나라가 망하고, 다니던 회사에서 쫓겨날 수 있다는 것을 누구도 상상조차 못 했다. 그래서 준비 없이 쫓겨났던 근로자들은 노숙자가 되기도 했다. 우리가 믿고 있던 모든 것들은 생각만큼 튼튼하지도, 우리를 잘 지키지도 못한다는 사실을 뼈저리게 느꼈던 것이다. 그런데도 IMF를 겪고 20년을 훌쩍 넘긴 지금까지 우리는 그때와 비슷한 가치를 쫓고 있다. 그때 아이들이 불렀던 노래가 다시 유행하고 있다니 정말 역사는 반복되며 인생은 쳇바퀴 같다는 사실을 절감한다.

무력한 우상 vs 보이지 않는 힘

무력했던 엘리 제사장이 죽고 사무엘이 영적 지도자가 되었을 때 이스라엘은 블레셋의 잦은 침략으로 지쳐 있었다. 어디에도 희망이 보이지 않았다. 그때 사무엘은 이스라엘 민족에게 결단을 촉구했다.

"만일 너희가 전심으로 여호와께 돌아오려거든 이방 신들과 아스다
롯을 너희 중에서 제거하고 너희 마음을 여호와께로 향하여 그만을
섬기라 그리하면 너희를 블레셋 사람의 손에서 건져내시리라"
(삼상 7:3)

당시의 이스라엘 백성들은 하나님을 사모했지만 바알과 아스다롯
이라는 우상도 더불어 섬기고 있었다. 보이지 않는 힘이 있다는 것은
알았으나 우상도 포기할 수 없었던 것이다. 그들은 하나님과 우상이
공존할 수 없다는 사실을 받아들이지 않았다. 이에 사무엘은 우상과
함께한다면 하나님의 온전한 도우심을 기대할 수 없다며 이스라엘
민족을 설득했다.

예수님을 찾아온 한 청년이 있었다. 부자였고 엘리트 교육을 받은
나무랄 데가 없는 자였다. 그런데도 그는 예수님께 급히 달려와 물
었다.

"내가 무엇을 하여야 영생을 얻으리이까?"(막 10:17)
"네가 계명을 아나니 살인하지 말라, 간음하지 말라, 도둑질하지 말
라, 거짓 증언하지 말라, 속여 빼앗지 말라, 네 부모를 공경하라"
(막 10:19)

청년은 예수님이 제시한 모든 것을 어려서부터 지켰다고 말한다.

도덕적으로도 아주 훌륭한 청년인 셈이다. 그런데도 영생에 대한 확신이 없다는 것이다. 예수님은 이렇게 덧붙이신다.

"가서 네게 있는 것을 다 팔아 가난한 자들에게 주라. … 그리고 와서 나를 따르라"(막 10:21)

청년은 재물이 많은 이유로 슬픈 기색을 띠고 돌아갔다. 그는 예수님을 선택하지 않았다. 많은 재물이라는 우상이 버리기엔 너무나 컸던 것이다. 청년에게는 자신의 우상이 진짜인지, 아니면 허상인지를 시험하려는 마음도 없었던 것으로 보인다. 결국 그는 우상을 놓지 못해 정말 중요한 구원을 놓쳤다.

이스라엘 민족은 이 부자 청년과 비슷한 갈림길에 섰다. 그들은 "우상을 버리라"는 사무엘의 극단적인 요구에 반응해 하나님만을 섬기기로 결단했다. 블레셋의 침략을 통해 우상이 무용지물이라는 사실을 깨달았기 때문이다. 전쟁터에서 녹슨 칼을 계속 쥐고 있다 한들 무슨 소용이 있을까? 그저 무거운 짐으로 어깨통만 유발할 뿐이다.

국가 부도라는 블레셋의 등장 앞에 튼튼하게 여겼던 직장은 무용지물이었다. IMF 구제금융을 받았던 당시 '서울역에 나가면 박사 학위 가진 사람이 널렸다'는 우스갯소리도 있었다. '많이 배우고 높은 자리에 앉은 사람일수록 명예퇴직 1순위'라는 말이 공공연히 떠돌았다. 우상이 힘을 잃고 쓰러지던 시절에 우리 모두는 크게 실망했고 의기소침해지기도 했다. 그렇다고 우상이 완전히 사라졌을까? 아니다. 아품이 잦아들면 우상은 다시 힘을 얻어 군림한다. 수십 년이 흐른 후 사무엘이 늙었을 때, 이스라엘 민족이 왕을 요구했다는 사실을 앞에서 살펴보았다. 이방신과 아스다롯이라는 우상이 '왕'으로 바뀌었을 뿐이다. 인생은 언제나 눈에 보이는 안전장치를 찾는다.

2019년 에티오피아 아디스아바바를 떠나 케냐 나이로비로 향하던 에티오피아항공기가 추락해 승객과 승무원 157명이 전원 사망하는 사고가 있었다. 그 같은 항공 사고는 끊임없이 일어난다. 승객 모두들 안전벨트를 꼭 매고 있었겠지만 항공기가 추락하는 상황에서는 무용지물이었다. 어쩌면 우상은 추락하는 항공기의 안전벨트와 같다. 우리를 단단히 붙들고 있는 눈에 보이는 것이지만 진짜 위기가 왔을 때는 아무런 소용이 없다. 그것이 인생이다. 인생에 확실한 안전장치는 없다. 하지만 분명한 사실 하나는 인생엔 보이지 않는 힘도 존재한다는 것이다.

인생의 다음 단계로 인도하는 보이지 않는 힘

사무엘의 요구로 바알과 아스다롯을 끊어냈던 이스라엘 민족은 블레셋의 손에서 벗어나 구원을 얻는다.

하나님이 행하시는 일에는 질서가 있다. 그분이 추구하는 목표는 우리와 다르다. 그분의 도움을 받고 일어설 수 있었지만 그것을 느끼지 못하는 경우도 있다. 하지만 하나님은 어떤 경우에도 우리를 반드시 구원으로 인도하신다.

"그 날에 여호와께서 블레셋 사람에게 큰 우레를 발하여 그들을 어지럽게 하시니 그들이 이스라엘 앞에 패한지라"(삼상 7:10)

사무엘은 그곳에 돌을 세워 기적을 일으켜주신 하나님을 기념했다.

"여호와께서 여기까지 우리를 도우셨다 하고 그 이름을 에벤에셀이라 하니라"(삼상 7:12)

이런 기적이 우리 삶을 가득 채워준다면 얼마나 좋겠는가. 그러나 매번 그렇지는 않다. 보이지 않는 힘은 우리가 천재지변이나 부도와 같은 위기를 벗어나도록 언제나 도와주시지 않는다. 하나님이 행하시는 일에는 질서가 있다. 그분이 추구하는 목표는 우리와 다르다. 그분의 도움을 받고 일어설 수 있었지만 그것을 느끼지 못하는 경우도 있다. 하지만 하나님은 어떤 경우에도 우리를 반드시 구원으로 인도하신다. 구원이야말로 인생에서 가장 중요한 가치임을 믿어야 한다.

"사람이 만일 온 천하를 얻고도 자기 목숨을 잃으면 무엇이 유익하리요"(막 8:36)

그렇다. 우리가 원하던 모든 것을 얻더라도 결국 죽는다면 허무하다. 하지만 구원의 하나님은 우리가 허무가 아닌 영원한 하나님의 나라에 이르도록 하신다.

또한 보이지 않는 힘은 때론 우리의 연약함을 그대로 드러내게 한다. 이를 위해 인간의 힘으론 통제 불가능한 세상을 만나게 한다. 아픔을 절감하고 우상이 깨어지는 잔인한 현실과 마주하게 한다. 인생의 광야로 우리를 인도하기도 한다. 그럼으로써 인생이 아픔으로 점철된 어떤 것

> 그분의 도움을 받고 일어설 수 있었지만 그것을 느끼지 못하는 경우도 있다. 하지만 하나님은 어떤 경우에도 우리를 반드시 구원으로 인도하신다. 구원이야말로 인생에서 가장 중요한 가치임을 믿어야 한다.

임을 깨닫게 한다. 그러나 그것만이 아니다. 그런 통제 불가능한 상황을 통해 우리에게 상상하지도 못한 더 나은 가치가 있다는 것을 알게 한다. 아픔을 감싸는 놀라운 사랑, 광야를 가로지르는 성장, 우상을 버리는 용기를 알려 준다. 통제 불가능한 세상 속에서도 예수 그리스도의 사랑을 경험하게 한다. 하나님이 궁극적으로 원하시는 것은 인생의 파괴가 아니라 더 높은 가치로의 인도로 그것이 결국 구원이다.

현재 전 세계에서 가장 영향력 있는 목회자 가운데 한 명인 팀 켈러는 '팀 켈러의 기도'(두란노, 2015)에서 "자신의 죄와 연약함을 부정한다면 주님의 영광과 위대하심을 조금도 느끼거나 보지 못한다"고 말했다. 하나님 앞에서 스스로의 연약함과 죄를 인정해야 한다는 것이다. 그때 하나님의 위대하심을 경험할 수 있다. 늦은 저녁 예수님을 급히 찾아온 청년은 "선생님이여 이것은 내가 어려서부터 다 지켰나

이다"(막 10:20)라고 말했지만 정작 자신의 죄와 연약함은 보지 못했다. 그럼으로써 인생에서 가장 중요한 하나님의 구원을 눈앞에서 놓치고 말았다. 이것이야말로 인생이 경험할 최고의 비극이 아닌가.

우상 대신 하나님을 잡는 용기

인생에는 아픔이 가득하다. 그 아픔이 너무 힘겨워 지금 이 순간에도 '우상일지라도 놓고 싶지 않다'고 생각할 수 있다. 누군가는 우상이 다 깨어졌는데도 다시 그것을 이어 붙이려 노력하고 있을지 모른다. 어쩌면 인생의 아픔 앞에서 자신의 연약함을 인정하고 잠잠할 수 있다면 큰 복일지도 모른다. 우리는 간혹 '기도하기 시작했으면 반은 됐다'고 여길 때가 있다. 틀린 말이 아니다. 우리의 힘으로 할 수 없음을 인정했고, 하나님의 능력을 믿고 구했다면 평안을 얻을 수 있다. 아픔이 당장 사라지지 않을지라도 적어도 그것을 이해할 준비가 되었다는 뜻이다. 기도를 마치고 평안히 돌아온 한나와 같이 말이다.

인생에는 보이지 않는 하나님의 힘이 존재한다. 물론 우상도 존재한다. 인생길에서 우리는 둘 다를 만나게 된다. 둘 다 선택해도 되고, 둘 중 하나를 선택하거나 아무것도 선택하지 않아도 된다. 인생이 실제로 그렇다. 둘 다를 쥔 인생, 하나만 쥔 인생, 아무것도 잡지 않은 인생도 있다.

지금 이 시간, 겸손한 마음으로 우리 스스로 무엇을 선택할지 고민해보자. 무엇이 진짜 가치있는 것인지 무게를 달아 보고 꼼꼼히 따져 보자. 하나부터 열까지 까보고 뒤집어보고, 충분히 따져 보자. 정말 겸비한 마음으로 그런 과정을 거치다보면 분명 하나님을 선택하게 될 것이다. 지금 우리가 내어야 할 용기는 우상을 버리고 하나님을 잡는 용기임을 잊지 말라!

우리는 변치 않는 하나님 사랑의 증거를 따라 걸어가야 한다. 그 끝에 무엇이
있을지 분명하다. 바로 하나님의 나라, 구원이다. 이 사실을 신뢰하고 우리가
인생의 모든 일들의 중심에서 하나님을 선택할 때 우리는 중심을 잡고 길을
잃지 않고 끝까지 빛을 향해 걸어갈 수 있다.

II

인생,

방향

이다

1. 내 안에 숨은 도둑

사이먼 앤 가펑클의 '험한 세상 다리가 되어'(Bridge Over Troubled Water)라는 노래의 가사는 우리 삶의 보편적인 내용을 잘 포착하고 있다. 세상은 무섭게 흘러가는 강물과 같다. 그 세상에서 우린 언제나 지치고 초라하게 느껴진다. 주위를 둘러봐도 기댈 친구가 없는 듯하다. 그것이 인생이라면 너무나 비참하다. 그러나 하나님은 창세기에서 빛, 하늘과 바다, 땅, 나무, 해와 달과 별, 온갖 생물, 사람을 말씀으로 만드시고 마지막에 이렇게 끝을 맺으신다.

"하나님이 지으신 그 모든 것을 보시니 보시기에 심히 좋았더라"
(창 1:31)

보기만 해도 심히 좋았던 세상이 왜 이렇게 험한 세상으로 변해 버렸을까?

인생을 흔드는 네 가지 적

미국 노스포인트커뮤니티교회의 앤디 스탠리 목사는 '내 마음속에 있는 네 가지 적'(디모데, 2008)이란 책에서 "우리의 가장 큰 적은 바로 우리 안에 있다"고 말했다. 그는 눈에 보이지 않지만 우리를 무너뜨리는 주된 네 가지 '괴물'로 죄책감, 분노, 탐욕, 질투를 꼽았다. 인생을 망치는 이유는 외부적 요인 때문이 아니라 바로 그 네 가지의 마음속의 괴물 때문이라는 것이다. 스탠리 목사는 "우리가 어려서부터 마음 상태보다는 행동을 살펴보라는 가르침을 받음으로써 마음을 등한시하게 됐다"고 말한다. 실제로 자신의 내면의 상태와는 상관없이 외면적으로 정중하고 올바르게 괜찮은 척을 하면 좋은 평가를 받게 된다. 하지만 무엇보다 마음의 영역이 중요하다. 마음속 괴물은 외면적인 약점보다 해결하기 어렵고 한번 표출되면 돌이킬 수 없는 큰 아픔과 상처를 가져오기 때문이다. 그런데 심각한 점은 그 괴물의 존재를 알기조차 어렵다는 것이다.

이스라엘 민족은 사무엘 선지자에게 왕을 세워달라며 요구했다. 이스라엘 민족은 하나님보다 가까운 존재를, 저 멀리 떨어져서 하늘의 소리만 전하는 선지자보다 실제 삶에서 의지할 수 있는 리더를 원했다. 하나님은 그들의 요구가 마뜩하지 않았지만 꽤 괜찮은 사람을 선별, 이스라엘 민족의 왕으로 세웠다. 그는 보통 사람보다 키가 훨씬 컸지만 겸손했고 자신을 업신여기는 사람 앞에서도 잠잠할 만큼 마음이 넓었다. 스스로를 작게 여기는 겸손한 자였다. (삼상 15:17) 누군지 짐작하겠는가. 사위 다윗을 질투하던 왕 사울이다.

사울은 수많은 싸움에서 이겼고 이스라엘 민족에게 평화를 가져다

주었다. 하지만 자신을 위해 기념비를 세우고 하나님이 허락하지 않은 재물을 취하는 등 점점 겸손의 길에서 멀어져갔다. 성경은 그가 초심을 잃었을 즈음 그와 함께하던 하나님의 영이 떠났다고 말한다. 하나님의 영이 떠나자 남은 것은 '번뇌'였다. 번뇌의 히브리어 '바아트'(baat)는 '극도로 불안한 감정, 극심한 정신적 고통으로 심한 두려움을 느끼게 만드는 것'을 의미한다. 어쩌면 불교에서 말하는 108가지 번뇌가 여기 해당된다고 할 수 있다.

성경에는 유독 마음을 설명하는 구절이 많다. 마음과 관련해 신자들로부터 가장 사랑받는 구절 중 하나가 다음이다.

"모든 지킬 만한 것 중에 더욱 네 마음을 지키라 생명의 근원이 이에서 남이니라"(잠 4:23)

사울은 왕을 갈구하던 이스라엘 민족의 기대에 부응해 나라를 지켰고, 가족의 명예를 지켰지만 마음만은 지키지 못했다. 결국 탐욕에 무너져 내렸고 질투와 분노로 망가졌다. 그 대가로 모든 것을 잃었다. 사울은 왜 그 지경까지 이르게 되었을까?

번뇌의 시작

사울이 어떻게 번뇌를 시작하게 되었는가 알아보려 한다. 사울이 이스라엘의 초대 왕으로 지목되었을 때 그는 짐 보따리들 사이에 숨어 있었다. (삼상 10:22) "스스로를 작게 여겼다"는 사무엘의 말이 딱 맞다. 그는 보통 사람보다 머리 하나만큼 컸으나 자신을 멸시하는 불량배 앞에서도 잠잠할 줄 아는 자였다. 하지만 왕이 된 지 2년 만에 사무엘 대신 번제를 드리는 실수를 하게 된다. 그는 백성이 흩어지고 블레셋 사람들은 모이니 부득이하게 번제를 드렸다고 변명한다. (삼상 13:12) 하나님이 불사르

하나님의 영이 떠나자 남은 것은 '번뇌'였다. 번뇌의 히브리어 '바아트'(baat)는 '극도로 불안한 감정, 극심한 정신적 고통으로 심한 두려움을 느끼게 만드는 것'을 의미한다. 어쩌면 불교에서 말하는 108가지 번뇌가 여기 해당된다고 할 수 있다.

라고 명했던 전리품을 취했으며 자기를 위해 기념비를 세우기도 했다. (삼상 15:12) 하나님의 영이 떠나고 다윗이 등장하면서 그의 번뇌는 극에 달한다. 후에는 다윗을 도왔다는 이유로 아히멜렉 가족과 제사장 85명, 놉 땅의 사람과 짐승을 몰살했다. (삼상 22:18~19) 한 인간의 마음이 병들면 얼마나 무섭게 돌변할 수 있는지를 사울은 여실히 보여주었다. 그는 교만해졌고 탐욕을 부렸다. 자연스레 극심한 분노와 질투가 찾아왔다. 사울 왕이 왜 그렇게 되었는지 알려주는 성경의 구절이 있다.

"육신의 생각은 사망이요 영의 생각은 생명과 평안이니라"(롬 8:6)

그에게서 평안을 빼앗아간 것은 '육신의 생각'이었다. 육신의 생각이 무엇인지는 다음의 구절을 통해 알 수 있다. 사울은 제사장 사무엘 대신 번제를 드리고서 이렇게 변명했다.

"백성은 내게서 흩어지고 당신은 정한 날 안에 오지 아니하고 블레셋 사람은 믹마스에 모였음을 내가 보았으므로 이에 내가 이르기를 블레셋 사람들이 나를 치러 길갈로 내려오겠거늘 내가 여호와께 은혜를 간구하지 못하였다 하고 부득이하여 번제를 드렸나이다"
(삼상 13:11~12)

번제를 드리는 것은 전적으로 제사장의 일이었다. 사울은 왕이었지만 제사장은 아니었다. 사울은 교만이라는 탐욕에 사로잡혀 제사장 역할까지 하려 했던 것이다. 물론 백성이 떠날 것을 두려워해 그렇게 행동했을 수도 있다. 그러나 떠나는 백성을 붙잡고 싶은 마음도 헛된 욕심일 뿐이다. 우리는 누구나 부지불식간에 욕심에 사로잡힌다. '이제 욕심을 내봐야겠다'라고 확고히 결심했기 때문에 탐욕이 생기는 것이 아니다. 질투, 죄책감, 분노 등의 부정적인 마음이 드는 것이 모두 그렇다.

> 육신의 생각은 '육신'이 있는 한 우리를 떠나지 않는다. 하지만 육신의 생각이 세를 불리면 인생을 옭아맨다. 처음에는 숨어 살다가 후에는 집을 차지하는 도둑처럼 육신의 생각은 커지면 인생을 집어삼키게 된다.

가랑비에 옷 젖듯 어느 순간 그 '괴물'들이 우리 마음에 자리를 잡는다. 그래서 무섭다. 정신을 차리지 않으면 내 마음속에서 자라는지도 모르는 가운데 그것들이 엄청난 괴물이 되는 것이다.

마음에 똬리를 틀고 앉은 도둑

2013년에 개봉되어 500만 관객을 동원한 '숨바꼭질'(허정 감독)이란 영화가 있다. 타인의 집에 도둑처럼 몰래 숨어들어 살다가 적당한 시기가 되어 집주인을 죽이고 집을 차지한다는 공포영화다. 육신의 생각, 번뇌가 하는 일이 꼭 그와 같다. 마음에 둥지를 틀고 쥐 죽은 듯 살아간다. 처음에는 없는 듯 있으니 티도 나지 않는다. 하지만 크기가 커지면 결국 사울처럼 잡아먹히게 되는 것이다.

어찌 보면 육신의 생각 없이 사는 건 불가능하다. 작은 욕심 하나 없는 사람이 어디 있을까. 우리가 어떻게 육신의 생각을 모두 버리고 살까. 육신의 생각은 '육신'이 있는 한 우리를 떠나지 않는다. 하지만 육신의 생각이 세를 불리면 인생을 옭아맨다. 처음에는 숨어 살다가 후에는 집을 차지하는 도둑처럼 육신의 생각은 커지면 인생을 집어삼키게 된다. 문제는 그것을 완전히 없앨 수 없다는 것이다. 아무리 훌륭한 사람도 그것을 완전히 끊어내지 못했다. 다만 다스렸을 뿐이다.

육신의 생각은 '도둑'과 같다. 생각해 보면 참 이상한 표현이다. 육신의 생각은 우리 안에 있는데 마치 또 다른 인격처럼 표현된다. 이상한 표현이고 이상한 일이지만 정말 그렇다. 육신의 생각은 인생을 어렵게 할 뿐만 아니라 결국은 인생을 훔쳐가기도 한다. 주객이 전도되는 것이다. 육신의 생각은 삶의 목표도 아니고 우리 자신은 더욱 아니다. 하지만 '부자였으면' '더 예뻤으면' '잘 나갔으면' 등과 같은 생각이 목표가 되는 순간, 인생은 그것에 저당 잡히는 것과 마찬가지다. 그런 생각이 똬리를 틀고 앉아 마침내는 인생이라는 집을 허물어뜨린다.

인생을 훔치는 육신의 생각

결국 인생을 지키기 위해 우리는 자기중심적인 육신의 생각을 말씀으로 다스려야 한다. 아무리 마셔도 갈증을 해소시키지 못하는 바닷물처럼 육신의 생각은 인생을 풍족하게 만들지 못한다. 그것이 인생을 훔치는데 두고 볼 수만은 없지 않은가.

사울의 변명을 다시 보자. 사울은 백성이 그에게서 흩어지고 제사장인 사무엘은 오지 않으며, 블레셋 사람들이 그를 치러 내려와서 부득이하여 번제를 드렸다고 말했다. 다른 관점으로 사실만을 찾아보자. 블레셋이 이스라엘을 치러 온다. 사무엘이 오는 중에 백성은 흩어지기 시작했다. 이것이 전부다. 하지만 사울은 모든 상황을 자기중심으로 해석했다. 그는 네 번이나 자신을 지칭하는 단어를 사용했다. '내게서 흩어지고' '내가 보았으므로' '나를 치러' '내가 여호와께' 등. 이

기적이고 자기중심적인 생각은 죄
된 행동의 근원이다. 죄를 다스릴
수 있는 것은 '교훈과 책망과 바르게
함과 의로 교육하기에 유익한'(딤후
3:16) 하나님의 말씀이다.

결국 인생을 지키기 위해
우리는 자기중심적인 육
신의 생각을 말씀으로 다
스려야 한다. 아무리 마
셔도 갈증을 해소시키지
못하는 바닷물처럼 육신
의 생각은 인생을 풍족
하게 만들지 못한다.

육신의 생각을 이기는 힘

암 전문가로 유명한 미국 텍사스대학교 MD 앤더슨 암센터 종신
교수인 김의신 박사는 교회 성가대원들에게 암을 죽이는 면역세포가
일반인들보다 천 배나 높게 발견되어 놀랐다고 한다. 나도 찬양에 육
신을 이기는 힘이 있다고 믿는다. 그래서 사역할 때도 찬양을 자주 듣
도록 권한다. 사울 왕이 악령으로 인해 번뇌하였을 때도(삼상 16:14)
찬양을 통해 치유를 받았다.

"하나님께서 부리시는 악령이 사울에게 이를 때에 다윗이 수금을 들
고 와서 손으로 탄즉 사울이 상쾌하여 낫고 악령이 그에게서 떠나더
라"(삼상 16:23)

하나님을 찬양하며 말씀 묵상하기를 즐겨 하는 것이 연약한 우리
가 육신의 생각을 이길 수 있는 중요한 방법 가운데 하나다. 다윗은

3600여 편의 시편을 짓고 450여 개의 노래를 작곡했다는 기록이 있다. 어쩌면 다윗이 평생 하나님 앞에서 겸손할 수 있었던 이유가 바로 '찬양'이었을지도 모른다. 죄로 넘어졌을지라도 금방 주님 앞에 무릎을 꿇을 수 있었던 이유는 그가 하나님 찬양하기를 게을리 하지 않았기 때문이다.

우리도 육신의 생각을 다스리기 위해 말씀과 찬양을 항상 가까이 해야 한다. 그 두 가지는 하나님이 우리를 돕기 위해 주신 비장의 무기이기 때문이다. 인생의 여러 고난 가운데 있을지라도 말씀을 읽고 하나님을 찬양한다면 능히 그 모든 고난을 이겨낼 수 있다. 인생의 고난을 이길 힘은 예수님의 십자가 능력으로부터 온다는 사실을 기억해야 한다.

2. 방향치가 되지 않으려면

　산 속에서 길을 잃은 경험이 있는가. 일반적인 경험은 아닐 것이다. 등산을 하더라도 보통 등산로를 이용하지 굳이 없는 길로 가는 사람은 많지 않을 것이다. 하지만 만일 산에서 길을 잃게 된다면 어떻게 해야 할까.

　우선 왔던 길을 되돌아가야 한다. 그러다 보면 다시 사람들의 발자취를 찾을 수 있다. 등산 전문가들은 혹시 어디로 왔는지도 알 수 없다면 높은 곳으로 올라가 자신의 위치를 확인한 후 내려가라고 한다. 자신이 어디쯤 있는지를 파악하면 어디로 가야할지 알게 된다는 얘기다.

　인생도 그렇다. 살다 보면 방향감각이 무디어지는 때가 있다. 우리의 위치를 알 수 없을 때 갈팡질팡하게 된다. 내가 뭘 하고 있는지, 성공 혹은 행복만을 향해 가는 것인지, 영원을 향한 걸음을 내딛는지, 하나님은 어디쯤 계시는지를 알지 못하면 정렬된 인생을 살 수 없다.

나는 인생의 어디쯤 있는 것일까

　세계적인 건축설계회사 팀 하스(Tim Hass)를 이끄는 하형록 회장

> 사막에서 길을 잃었을 때의 대처법을 기억하는가. 지도가 아니라 나침반을 봐야 한다고 했다. 하지만 나침반은 있는데 어느 방향이 맞는지 모른다면 어떨까. 동서남북은 알지만 어디로 가야할지 알 수 없다면 얼마나 난감할까.

은 33세에 심실빈맥으로 고속도로에서 의식을 잃었다. 한창 건축가로 성공가도를 달릴 때의 일이었다. 운이 좋게도 처음에는 심장이식 수술을 잘 받게 되었지만 곧 문제가 생겨 두 번째 심장이식이 필요하게 되었다. 의사로부터 전해들은 생존 가능성은 25%였다고 한다. 그는 한 간증에서 당시를 이렇게 회고했다. "내 심장을 낫게 해달라고 열심히 기도했습니다. 심장을 새롭게 해달라고 기도할 수밖에 없었지요. 그러던 어느 날 문제는 심장이 아니라는 걸 알게 됐습니다. 심장이 아니라 내가 낫고 새로워져야 한다는 것을 알게 되었습니다. 그때부터는 심장이 아니라 나를 낫게 해달라고 기도했어요. 내가 낫고 새로워진다면 심장은 낫지 않아도 괜찮다고 생각했습니다."

하 회장은 심장(생명)보다 중요한 것이 있다는 사실을 알았다. '숨을 쉬는 것보다 중요한 일이 있다. 나를 살리는 것은 심장이 아니다'는 것은 사막 한복판에 있는 것과 다름없는 절절한 상황에서 깨닫게 된 사실이다. 그는 심장병이라는 인생의 큰 고비 앞에서 방향을 틀었다. 아니, 방향감각을 찾았다. 육체를 살리는 길에서 '영혼'을 살리는 길로 접어든 것이다. 그는 살아났다. 2013년에는 오바마 정부 국립건축과학원의 이사로 선임되기도 했다. "심장은 중요하지 않으니 저를

낮게 해주세요"라고 기도하던 젊은이는 예순의 성공한 건축가로 지금도 왕성히 활동하고 있다.

분명한 삶의 기준이 없거나, 있지만 너무 희미한 때가 있다. 이런저런 말은 많으나 무엇이 옳은지 알 수 없고, "모든 게 옳다"고 하는 경우도 있다. 그런 얘기를 듣고 있으면 어디로 가야할지 점점 더 알 수 없게 된다. 방향치가 된 기분이다. 같은 곳을 빙빙 돌고 있는 느낌이 들면 자존감이 바닥을 치고 자괴감에 휩싸이기도 한다.

사막에서 길을 잃었을 때의 대처법을 기억하는가. 지도가 아니라 나침반을 봐야 한다고 했다. 하지만 나침반은 있는데 어느 방향이 맞는지 모른다면 어떨까. 동서남북은 알지만 어디로 가야할지 알 수 없다면 얼마나 난감할까. 특별히 운이 나빠 방향을 잃는 것이 아니다. 인생이라는 거대한 사막에서 방향감각을 상실하는 경우는 많다. 젊은 시절의 실연, 사업의 실패, 누군가의 죽음, 남편의 외도, 자녀 문제 등이 불쑥 나타날 때 우리는 망연자실하며 더 이상 가지 못하고 서 있게 된다. 누구나 인생에서 방향치가 되는 순간이 있다. 그 순간, 우리는 '어디로 가고 있었지?'라고 자문하게 된다.

인생의 방향감각이 무디어질 때

한나가 아이를 달라고 기도하는 장면이 있다. 그때는 엘리 제사장이 다스리던 시기로 성경에 "이스라엘에 왕이 없었으므로 사람마다 자기 소견에 옳은 대로 행하였다"(삿 17:6)라고 기록되어 있다. 당시 이스라엘에는 우상 숭배와 잘못된 신념이 넘쳐났다. 사람들의 관심사는 세상에서 잘사는 일, 현재를 즐기는 일에 초점이 맞춰져 있었다. 이것은 현 세태와 크게 다르지 않다. '인생은 한 번뿐이다'는 의미의 '욜로'(YOLO·You Only Live Once)라는 말이 보편화됐고 부정보다는 긍정적으로 쓰이고 있다. 왜 그럴까? 우리가 길을 잃은 것과 같다고 느꼈기에, 방향감각을 상실했다고 느꼈기 때문이다. 엘리 제사장의 시대를 설명하는 성경 구절이 또 있다.

"아이 사무엘이 엘리 앞에서 여호와를 섬길 때에는 여호와의 말씀이 희귀하여 이상(vision, 히브리어 '하존', 장차 일어날 일)이 흔히 보이지 않았더라"(삼상 3:1)

당시는 선지자를 통해 하나님의 말씀이 선포되는 시기였다. 나아갈 바를 보여주는 이상(vision)이 존재했다. 그러나 안타깝게도 영적 지도자인 엘리 제사장이 무디어지면서 나아갈 방향을 알지 못하게 된 것이다. 그리고 사람들은 각기 소견에 옳은 대로, 기준이나 방향 없이 행동하기 시작했다. 나아갈 방향이 보이지 않은 이유는 하나님의 말씀이 '희귀'하였기 때문이다. 하나님의 말씀은 앞장에 나온 '육신의 생각'과 정반대에 위치하고 있다. 이렇게 말할 수 있다. "사람들이 하나님의 말씀보다 육신의 생각에 집중할 때 방향감각은 무뎌진다"

고 말이다.

　사람들은 왜 하나님의 말씀과 멀어지는 걸까? 크게 두 가지를 생각해 볼 수 있다. 너무 잘나가거나 하루하루 너무 힘겹게 살고 있기 때문이다. 앉아서 숨만 쉬어도 1초마다 재산이 늘어난다는 부자들의 얘기를 들었다. 본인은 물론 자녀들과 그 자녀들의 자녀들까지 매일 써도 그 돈을 다 쓸 수는 없다고 한다. 그 정도는 아닐지라도 현실에 아무런 부족함을 느끼지 못한다면 삶의 소중한 가치를 굳이 찾기가 어렵다. '지금, 나의 삶에는 부족함이 없다'며 교만하게 되기 마련이다.

　또 한 가지는 너무 힘겹게 살고 있어도 말씀과 멀어질 수 있다. 편히 앉아 밥 한 끼 먹을 시간도 없이 살아가는 사람들이 얼마나 많은가. 힘겹게 살아가는 사람을 붙잡고 '삶의 진짜 가치' 운운하는 것은 이치에 맞지 않다. 끼니 걱정은 없더라도 눈코 뜰 새 없이 매일을 바쁘게 사는 사람들에겐 삶의 가치, 인생의 방향을 따지는 것이 사치처럼 느껴질 수 있다. 우리는 지금 너무 많거나 적거나, 너무 바쁘거나 무기력하게 살아가고 있는지 모른다.

　엘리 제사장의 시대가 그러했을 것이다. 모두들 바쁘게 움직이느라 하나님의 말씀이 희귀하게 되고, 방향감각이 무뎌지는 것을 느끼지 못했을 것이다. 그러다 어느 순간 돌아보니 방향을 알 수 없게 된 것이다. 문제는 그럴 때야말로 위기가 찾아온다는 사실이다. 너무나 잘나갈 때, 하형록 회장에게 건강의 이상이 생겼던 것처럼 말이다. 누구나 그럴 수 있다. 방향감각이 무디어졌음을 깨닫는 계기는 좋은 일보다는 위기일 때가 더 많다.

삶의 이정표, 예수그리스도

감히 이렇게 말해보고 싶다. "하형록 회장이 서른셋에 발병해서 참다행"이라고 말이다. 나의 경우를 예로 든다면, 대입 재수를 통해 실패를 알게 되어 다행이라고 생각한다. 그때가 삶의 방향감각을 기르는 좋은 시기였기 때문이다. 만약 나이가 더 많아졌을 때, 실패를 경험하게 됐다면 어땠을까? 방향을 바로잡고 삶의 진짜 가치를 향해 나아갈 시간이 얼마 없을 때, 잘못 왔음을 깨닫게 된다면 어떨까. '잘못 가고 있어'가 아니라 '잘못 왔어'라고 생각할 때, 우리는 더 크게 절망할 것이다. '인생에서 중요한 것은 속도가 아니라 방향'이라는 유명한 말이 있다. 빨리 갈 필요도, 많이 들고 갈 필요도 없다. 제대로, 옳은 방향을 향해 가는 것이 중요하다.

> 이 세상의 이정표는 찾을 필요도 없다. 그저 마음의 문을 열고 인생의 이정표 되시는 예수님을 맞이하면 된다. 그러면 예수님과 함께 길을 잃지 않고 하나님의 나라를 향하는 여정을 시작하게 된다.

인생에서는 잘못된 길에 들어설 수도 있고, 한참을 잘못된 방향으로 나아갈 수도 있다. 그런데 거기서 멈추면 누구에게나 방향을 바꿀 기회가 주어진다. 죽기 직전에도 그렇다. 죽음을 앞두고 주님을 영접하는 사람들도 얼마든지 있다. 모든 사람에게, 얼마를 가졌든, 무슨 공을 세웠든, 죄가 얼마나 중하든 상관없이 동일하게 방향을 바꿀 기회가 주어진다. 하지만 시간을 다 쓰기 전에 방향을 바꾸어 하나님과 동행할 수 있다면 더욱 축복일 것이다. 인생의 어두운 터널에서 조금씩 빛으로 나아가는 경험을 하는 것은 정말 복되다.

> "예수께서 이르시되 내가 곧 길이요 진리요 생명이니 나로 말미암지 않고는 아버지께로 올 자가 없느니라"(요 14:6)

우리가 빛으로 나아가기 위해서 찾아야 하는 이정표는 바로 예수님이다. 예수님은 우리를 하나님의 나라, 구원으로 인도하신다. 오로지 우리의 구원을 위해 십자가에 달려 돌아가셨다.

육신의 생각은 도둑이다. 호시탐탐 먹잇감을 노리는 정글의 굶주린 사자와 같다. 잘못된 방향은 어떨까. 육신의 생각 못지않게 인생을 망가뜨리는 주범이다. 둘은 다른 것 같지만 하나다. 육신의 생각은 방향감각을 무디게 하고 방향을 잃으면 육신의 생각에 쉽게 노출된다. 둘은 따로 또 같이 우리를 하나님과 멀어지게 한다.

이정표 찾기가 어렵다는 분들이 있다. 예수님이 보이지 않아 괴롭다는 분들도 있다. 그런 사람들은 지금 자신이 육신의 생각에 둘러싸여 있지는 않은지 돌아보아야 한다. 예수님이 분명하게 "볼지어다. 내가 문 밖에 서서 두드린다"고 말씀하고 계시기 때문이다. (계 3:20) 그러니 이 세상의 이정표는 찾을 필요도 없다. 그저 마음의 문을 열고 인생의 이정표 되시는 예수님을 맞이하면 된다. 그러면 예수님과 함께 길을 잃지 않고 하나님의 나라를 향하는 여정을 시작하게 된다.

3. 인생을 좌우하는 선택과 타이밍

"눈에 보이는 무서움 같은 것은 마음으로 그리는 무서움에 비하면 아무것도 아니다."

셰익스피어의 희곡 맥베스에 나오는 유명한 대사다. 스코틀랜드의 장군 맥베스는 친구 뱅코와 반란을 잠재우고 돌아오던 중 세 마녀에게 '고다의 영주, 미래의 왕'이라는 예언을 듣는다. 그는 처음엔 예언을 가볍게 여겼지만 정말 영주가 되고선 왕위에 대한 야망을 품게 된다. 마침 자신의 성을 찾아온 국왕을 죽이고 진짜 왕이 된 맥베스는 세 마녀로부터 '자손이 왕이 될 분'이라는 예언을 들은 뱅코까지 죽인다. 뱅코의 유령에 시달리며 폭군이 되어가던 맥베스는 세 마녀를 찾아 다시 예언을 듣지만 아내는 죄책감에 자살하고, 그도 결국은 맥더프의 손에 죽임을 당한다.

맥베스는 사울 왕과 여러 면에서 닮았다. 삐뚤어진 야망을 품는 모습부터 가까운 사람을 죽이려 혈안이 된 모습, 나쁜 영에 시달리는 것 등이 너무나 비슷하다. 둘 다 왕이 될 것을 알았지만 그것 때문에 삶이 망가졌다. 쉽게 야망을 품고 잘못된 길로 뛰어 들어가는 그들의 모습에서 육신의 생각에 취약한 우리의 민낯을 보게 된다.

그들과 비슷하게 왕으로 기름부음을 받은 사람이 또 있다. 다윗이다. 그도 사울 왕처럼 아무도 주목하지 않을 때 이스라엘의 새로운 왕으로 부름을 받았다. 맥베스와 사울, 다윗은 모두 왕이 되기 전에 장차 왕이 되리라는 것을 알았다. 그리고 진짜 셋 다 왕이 되었으나 둘은 그로 인해 파멸했으며 다윗만이 왕답게 생을 마감했다. 인생이 그렇다. 똑같이 시작한듯했지만 누군가는 행복하게, 누군가는 불행 속에 생을 마감한다.

맥베스는 사울 왕과 여러 면에서 닮았다. 삐뚤어진 야망을 품는 모습부터 가까운 사람을 죽이려 혈안이 된 모습, 나쁜 영에 시달리는 것 등이 너무나 비슷하다. 그들의 모습에서 육신의 생각에 취약한 우리의 민낯을 보게 된다.

마음으로 그리는 무서움

다윗의 아들 솔로몬이 쓴 전도서에는 다음과 같은 구절이 있다.

"명령을 지키는 자는 불행을 알지 못하리라 지혜자의 마음은 때와 판단을 분변하나니"(전 8:5)

여기서 중요한 단어는 '때'와 '분변'이다. 지혜 있는 자의 마음은 때를 알고 옳은 판단을 내리게 한다. 맥베스는 왕이 성에 찾아왔을 때 '때가 됐다'고 느꼈다. 그는 번뇌에 싸여 말한다. "눈에 보이는 무서움 같은 것은 마음으로 그리는 무서움에 비하면 아무것도 아니다." 우리는 의문을 품게 된다. 세 마녀의 예언을 듣지 않았어도 그가 왕을 살해했을까? 어떻게 반란군을 진압하고 돌아온 충직한 장수가 그리도 쉽게 반역을 생각하게 되었을까?

타이밍은 항상 선택을 요구한다. 결정적 순간이 되면 우리는 방향을 잡아야 한다는 것을 알게 된다. 어딘가로 발길을 돌려야 한다. 맥베스는 세 마녀의 예언에서 벗어나지 못한다. 그의 안에는 본인도 몰랐던 큰 야망이 도사리고 있었던 것이다. 세 마녀는 그가 왕을 살해하리라는 말을 한 적이 없지만 그에겐 그것이 이미 중요하지 않았다. 그는 오직 '왕'이라는 결과만을 생각했던 것이다. 예언 때문에 잠재돼 있던 야망이 폭발했고 왕을 살해하게 된다. 세 마녀의 예언이라는 '덫'에 걸린 것과 마찬가지다. 이는 왕이 되었던 사울 왕이 직접 제사를 지내고 기념비를 세우는 등의 교만을 저질렀던 것과 일맥상통한다. 그들에겐 본심을 드러낼 타이밍이 찾아왔고, 그때가 되자 기다렸다는 듯 잘못된 욕망의 길로 들어섰다.

누구에게나 쉽게 드러나지 않는 욕망이 있다. 깊이 숨겨진 육신의 생각, 인간적 죄의 본성이다. 솔로몬은 이렇게 말했다.

"인생의 마음에는 악이 가득하여 그들의 평생에 미친 마음을 품고 있다"(전 9:3)

우리는 덫을 몸에 지니고 살아가지만 어느 시점까지 다스리고 있는 것이다. 하지만 봇물 터지듯 모든 게 쏟아져 나올 때가 있다. '세 마녀의 예언'이 들리는 순간처럼 인생의 타이밍이 찾아오는 것이다.

타이밍은 기회로 오기도 하지만 위기로 찾아올 때도 있다. 핵심은 그때 우리가 방향을 결정하게 된다는 것이다. 그 방향이 인생을 좌우한다. 하루에도 수십 번 선택의 기회를 얻지만 그것이 인생에 미치는 영향은 미미하다. 그것은 인생을 결정짓는 중요한 타이밍이 아니기 때문이다. 하지만 '인생의 타이밍'의 순간은 온다. 그때 우리가 하는 선택이 방향을 결정하게 되고 많은 것을 바꾼다. 그때 잘못된 선택을 한다면 인생은 점점 더 풀기 어려운 숙제가 되어갈 것이다.

인생의 타이밍, 선택의 시간

다윗에게는 위기를 통해 인생의 타이밍이 찾아왔다. 블레셋의 가드 왕 아기스 밑에서 미친 척하며 목숨을 부지했던 다윗은 600여 명의 사람들을 거느리고 힘겨운 광야 생활을 이어가고 있었다. 다윗의 무리는 아녀자가 포함된 비주류의 사람들이었다. (삼상 22:2) 다윗에게도 아히노암과 아비가일이라는 두 아내가 있었다. 쉽지 않았다. 먹을 것과 잠자리를 항상 걱정해야 하는 삶이 유쾌할 리가 없다. 게다가 사울 왕은 아직도 다윗을 찾아 죽이려고 혈안이 돼 있었다. 다윗은 가드 왕 아기스에게 다시 망명을 하게 된다. 이스라엘의 적지인 블레셋 땅이 다윗에게는 그나마 안전한 곳이었고 곁에 600여 명의 무리가 함께했으니 이전보다는 상황이 괜찮았던 셈이다.

가드 왕 아기스는 다윗에게 시글락이라는 땅을 주어 정착하게 했

> 다윗은 인생의 타이밍이 왔을 때 자신에 집중하기보다는 먼저 하나님을 찾았다. 그는 때가 왔음을 직감했다. 인생의 타이밍에서는 기회가 곧 위기가 되며, 위기가 곧 기회가 되기도 한다. 다윗에게 위기가 찾아온 것처럼 보였지만 그것은 기회였다.

다. 다윗은 시글락에서 1년 4개월을 살았다. 아기스와 좋은 관계를 유지하면서도 뒤로는 이스라엘을 도왔다. 그는 장차 이스라엘의 왕이 될 자신의 신분을 망각하지 않았다. 그러나 다시 위기가 찾아온다. 블레셋의 다섯 부족이 연합하여 이스라엘과 전쟁을 준비하기 시작했고 아기스는 다윗을 전쟁터로 데려갔다. 이스라엘의 왕으로 기름부음을 받은 다윗이 이스라엘과 싸워야 하는 위기에 처한 것이다. 전쟁터에서 섣불리 반기를 들었다가는 시글락에 정착해 살고 있는 가족들에게 해가 될 수도 있었다. 전쟁터로 향하는 다윗은 가슴이 타들어갔을 것이다. 하지만 겉으로는 담대한 척하며 전쟁터까지 따라갔다.

그런데 전쟁을 앞두고 다윗을 본 블레셋 사람들이 이스라엘과 싸우기를 거부한다. 아기스가 적극적으로 다윗을 변호했지만 블레셋 사람들은 다윗이 골리앗을 쓰러뜨렸던 장면을 아직도 잊지 않았다. 뜻밖의 상황으로 다윗은 이스라엘과 싸울 필요도 없이 시글락으로 돌아오게 되었다. 다윗이 크게 고민했던 일이 순조롭게 해결되는 듯 보였지만 그게 끝이 아니었다. 아말렉이 시글락에 쳐들어와서 성읍을 불태우고 부녀자들을 모두 포로로 끌고 간 사건이 벌어져있었다.

아말렉에게 사로잡혀간 자녀들로 인해 극심한 슬픔에 빠진 백성들은 다윗을 돌로 치려고까지 했다. (삼상 30:6)

　만약 직전 전쟁터에서 하나님의 일하심을 경험하지 못했다면 다윗은 크게 당황했을 것이다. 설상가상의 현실에서 방향감각을 잃고 잘못된 판단을 내렸을 수도 있었다. 하지만 그는 하나님을 의지해 기도를 하고 아말렉을 쫓기로 결정한다. 다윗의 군사는 피곤에 지쳐 낙오된 200명을 브솔 시내에 둬야했지만 결코 멈추지 않았다. 철저히 하나님을 의지했기 때문이다.

　다윗과 400명의 군사는 들에서 만난 애굽 사람으로부터 아말렉의 위치를 파악, 승리에 도취된 아말렉을 쳐서 전멸시켰다. 가족과 잃었던 모든 것을 되찾고 수많은 전리품을 얻는다. 이후 아말렉과 싸웠던 400명은 낙오됐던 200명과 전리품 나누길 거부했다. 하지만 다윗은 그들과도 똑같이 나눌 것을 명한다. 그리고 전리품 중 일부는 유다지파 장로들은 물론 자신과 왕래하던 모든 곳에 보냈다. 가족과 함께 명성도 되찾게 된 것이다.

　다윗은 인생의 타이밍이 왔을 때 자신에 집중하기 보다는 먼저 하나님을 찾았다. 전쟁터에서 본인이 도저히 풀 수 없었던 문제가 하루 아침에 해결되는 것을 보았기 때문이다. 그는 때가 왔음을 직감했다. 그리고 때가 왔을 때는 무엇에 집중해야 하는지도 분명히 알았다. 인생의 타이밍에서는 기회가 곧 위기가 되며, 위기가 곧 기회가 되기도 한다. 다윗에게 위기가 찾아온 것처럼 보였지만 그것은 기회였다. 그의 건재함을 알리고 이스라엘의 새로운 왕으로서의 자질을 검증받을 기회였다. 다윗은 승리한 후 지쳐 낙오됐던 병사들은 물론 유다지파의 장로, 그와 평소 왕래했던 사람들까지 모두 챙기는 넓은 마음을 보여줬다. 그 과정에서 본인의 욕심을 챙기지도, 기념비를 세우지도 않았다. 자신의 욕심을 기꺼이 내려놓고 뒤로 한 발 물러서는 리더십을 보임으로써 자연스레 명성이 따라왔다.

기회와 위기는 동전의 양면

인생의 타이밍에서는 기회와 위기가 동전의 양면처럼 쉽게 뒤집힌다. 그것은 전적으로 우리의 선택 여부에 달려있다. 맥베스와 사울 왕의 예처럼 육신의 생각을 따르면 기회도 위기가 된다. 다윗의 예처럼 위기가 기회로 돌변하기도 한다. '포춘 쿠키'(Fortune Cookies)처럼 선택하기 전에는 속에 있는 걸 알 수 없다. 다윗이 전쟁터에서 아말렉을 처부수고 명성을 드높이던 때, 사울 왕은 변장한 채 신접한 여인을 찾았다.

"사울이 여호와께 묻자오되 여호와께서 꿈으로도, 우림으로도, 선지자로도 그에게 대답하지 아니하시므로"(삼상 28:6)

사울이 신접한 여인을 찾은 것은 두려웠기 때문이다. 세 마녀를 찾은 맥베스의 경우와 비슷하다. 사울 왕은 여인에게 죽은 사무엘을 부르라고 명한다. 그리고 사무엘을 통해 하나님이 그를 떠났다는 것과 나라가 다윗에게 넘어가리라는 말을 듣고 실신한다. (삼상 28:16~17) 사람의 어리석음은 끝이 없다. 사울 왕은 잘못된 길로 들어섰다는 것을 알면서도 돌이키지 않았다. 신접한 여인을 찾는 것이 그가 생각한 최선의 해결책이었다.

문제해결 능력도 습관처럼 몸에 배는 것이다. 잘못된 패턴으로 문제를 해결하던 사람은 어떤 문제를 만나도 그 패턴을 벗어나지 못한다. 생각이 온통 '나'를 향하고 있기 때문이다. 나의 타이밍, 나를 위한 일, 내가 하고 싶은 일, 내가 할 수 있는 일만을 생각한다면 잘못된 패턴은 변하지 않는다. 나를 향하고 있는 생각을 바꿔야 한다. 다윗이 위기의 순간, 하나님의 생각을 물었던 것을 기억해야 한다.

타이밍은 행동해야 하는 순간이다. 매 순간 '나'를 중심으로 생각하는 습관에서 벗어나 하나님 중심으로 현명한 판단을 해야 한다. 따지고 보면 기회, 또는 위기의 순간은 우리를 어렵게 하는 것이 아니다. 그건 인생을 구성하는 요소다. 인생은 작은 기회와 위기, 큰 기회와 위기로 가득하다. 다만 정확한 판단 기준이 없을 때 인생은 어려워진다. 사람의 뜻과 생각은 하루에도 수십 번씩 변하기 때문에 그것을 기준으로 삼으면 해결의 실마리는 보이지 않는다. 영원히 변하지 않는 사랑으로 우리의 구원을 향하는 하나님을 판단의 기준으로 삼아야 한다. 하나님께 물으며 인생의 타이밍을 기회로 만들어야 한다. 그럴 때 인생의 위기는 기회가 된다.

4. 중심, 선택의 기준

중매는 역사가 오래된 결혼의 방식이다. 성경에서도 중매는 전통적인 혼인 방식으로 나타난다. 한때는 자유연애가 세련된 데 비해 중매는 구시대적 산물처럼 느껴지기도 했다. 그러나 중매가 결혼정보회사라는 사업으로 번성하게 된 지도 20년이 넘었다. 모든 사람을 다 만나보고 배우자를 선택할 수도 없고 만난다고 해도 그 사람을 전부 알 수 없는 게 현실이다 보니, 객관적인 사실이 드러나는 중매가 합리적으로 보이기도 한다.

우리에게는 나름대로의 선택 기준이 있다. 배우자를 선택할 때 독일인은 '능력'을, 미국인은 '경험'을, 일본인은 '학벌'을, 한국인은 '집안'을 본다고 한다. 기업마다 인재를 뽑는 기준이 있다. 개개인마다 좋은 사람 구별법을 가지고 있을 것이다. 누군가는 금전관계가 깨끗한 것을 제일 덕목으로 꼽고, 누군가는 직업으로, 누군가는 집안 분위기로 사람을 판단한다. 우리가 보는 것은 결국 스스로 중요하다고 생각하는 조건이다. 자신만의 머릿속 '자'로 사람들을 잰다. 그런데 문제가 있다. 자가 계속 늘었다 줄었다 하는 것이다. 여유가 있으면 자가 늘어나지만 삶이 팍팍해지면 자도 짧아진다. 어릴 때는 흐물흐물하던 자가 나이가 들수록 뻣뻣해진다. 그것이 사람 마음속 자이다. 그 마음속 자는 변화무쌍하다는 특징이 있다.

하나님의 선택하심

성경을 읽다보면 하나님이 사람을
선택하시는 장면을 보게 된다. 아브
라함, 모세, 사무엘, 다윗, 사울, 마리
아 등은 모두 하나님께 선택된 인물
들이다. 신약에 나오는 열두 제자도
모두 예수님이 직접 선택한 사람들
이었다. 성경의 인물들은 경쟁을 통
해 왕이 되거나 제자가 되지 않았다.
그저 선택받은 것이다. 다윗이 왕으

> 우리가 보는 것은 결국
> 스스로 중요하다고 생
> 각하는 조건이다. 자신
> 만의 머릿속 '자'로 사람
> 들을 잰다. 그런데 문제
> 가 있다. 자가 계속 늘
> 었다 줄었다 하는 것이
> 다. 사람 마음속의 자는
> 변화무쌍하다는 특징이
> 있다.

로 선택되던 때로 가보자. 사울 왕의 불순종에 깊이 실망한 사무엘에
게 하나님이 찾아오신다.

> "네가 그를 위하여 언제까지 슬퍼하겠느냐 … 내가 너를 베들레헴 사
> 람 이새에게로 보내리니 이는 내가 그의 아들 중에서 한 왕을 보았느
> 니라"(삼상 16:1)

상심했던 사무엘은 힘을 내어 베들레헴에 이르렀고 제사를 핑계로
이새의 가족을 청했다. 아직 서슬이 시퍼런 사울 왕의 눈치를 봐야 했
기 때문이다. 이새의 첫째 아들 엘리압을 보자마자 사무엘은 흥분하
며 생각한다. '여호와의 기름 부으실 자가 과연 주님 앞에 있도다!' 사

울로 인해 상심하던 모습은 온데간데없어졌다. 그러자 하나님이 흥분한 사무엘을 당신의 잣대로 가라앉힌다.

> "그의 용모와 키를 보지 말라 … 내가 보는 것은 사람과 같지 아니하
> 니 사람은 외모를 보거니와 나 여호와는 중심을 보느니라"
> (삼상 16:7)

그렇게 이새의 일곱 아들이 모두 사무엘 앞을 지나갔으나 이스라엘의 왕이 될 만한 사람은 없었다. 사무엘이 이새에게 다른 아들이 없냐고 묻는다.

> "아직 막내가 남았는데 그는 양을 지키나이다"(삼상 16:11)

이새는 무심하게 답한다. '막내'는 히브리어로 '하카탄'으로 '가장 어린' 혹은 '가장 작은'을 뜻한다. 이새는 막내를 제사에 부르지도 않았다. 그의 생각에 막내는 어리고 보잘것없었으며 현실적으로도 양을 지킬 사람이 필요했었기 때문이다. 대제사장 사무엘의 제사에 청함을 받았는데 자랑할 만한 일곱 아들보다는 막내 다윗이 양을 지키는 것이 이치에 맞다고 생각했을 것이다. 하지만 사무엘은 굳이 다윗을 부르라고 말한다. 그가 오기 전에는 식사도 하지 않겠다고 한다. 이윽고 제사에서 소외됐던 어린 다윗이 헐레벌떡 뛰어왔을 때 하나님이 사무엘에게 말씀하신다.

"이가 그니 일어나 기름을 부으라"(삼상 16:12)

사무엘은 다윗에게 기름을 부었다. 다윗이 이스라엘의 차기 왕으로 선택된 것이다. 이후 그의 집에 대단한 징후가 나타났을까? 아니다. 아무것도 변하지 않았다. 다윗은 계속 양을 지켰고 베들레헴 작은 동네에서 성장했다. 다만 성경은 말한다.

"이 날 이후로 다윗이 여호와의 영에게 크게 감동되니라"(삼상 16:13)

겉으로는 변한 것이 없었지만 다윗의 마음에서는 엄청난 변화가 일어나기 시작한 것이다.

헨리 데이비드 소로는 '월든'(은행나무, 2011)에서 "진실로 바라건대 당신 내부에 있는 신대륙과 신세계를 발견하는 콜럼버스가 돼라"고 말했다. 마음속에 거대한 세계가 있으며 그곳에 무한한 가능성이 있다는 얘기다. 하나님이 보시는 '중심'이 바로 그와 같다. 하나님은 겉으로 드러나지 않지만 당신을 향한 잠재된 마음을 보신다는 것이다. 그곳은 너무 넓어서 사람의 눈으로 판별하기가 쉽지 않다. 영적으로 뛰어났던 사무엘

> 하지만 사무엘은 굳이 다윗을 부르라고 말한다. 이윽고 제사에서 소외됐던 어린 다윗이 헐레벌떡 뛰어왔을 때 하나님이 사무엘에게 말씀하신다. "이가 그니 일어나 기름을 부으라."
> (삼상 16:12)

조차 다윗의 다른 형제들을 마음에 들어 했음을 잊으면 안 된다. 그러므로 사람의 눈을 너무 신뢰해선 안 된다.

하나님의 기준, 겸손

하나님이 선택하시는 사람들에게는 눈에 보이는 공통점이 없다. 모세는 왕자였지만 살인자였고, 아브라함은 우상을 만드는 자였다. 다윗은 목동이었고 사무엘은 한나의 늦둥이 외아들이었다. 그 중심에 무엇이 있어서 하나님이 그들을 선택했는지 정확히는 알 수 없다. 다만 위 네 명의 예만 보아도 선택의 기준이 학벌, 집안, 외모 등의 보편적인 조건은 아님을 알 수 있다.

성경의 시편은 말 그대로 시를 엮은 장이다. 시편 중 가장 많이 회자되는 시들 대부분은 다윗이 지은 것이다. 장구한 세월 동안 모든 지역과 인종을 초월해 사람들은 다윗의 시편을 읽고 감동받았다. 스펄전은 시편 속 다윗의 마음 중심이 담긴 시를 '다윗의 보고(寶庫)'라고 불렀다. 다윗의 시로 만든 유명한 가스펠송도 많다.

"하나님이여 주는 나의 하나님이시라 내가 간절히 주를 찾되 물이 없어 마르고 황폐한 땅에서 내 영혼이 주를 갈망하며 내 육체가 주를 앙모하나이다 내가 주의 권능과 영광을 보기 위하여 이와 같이 성소에서 주를 바라보았나이다 주의 인자하심이 생명보다 나으므로 내 입

술이 주를 찬양할 것이라 이러므로 나의 평생에 주를 송축하며 주의

이름으로 말미암아 나의 손을 들리이다"

시편 63장의 앞부분이다. 여기서 다윗은 일평생 하나님을 찬양하며 송축하겠다고 고백하고 있다. 그런데 다윗이 이 놀라운 노래를 지은 때는 사울 왕에 쫓겨 도망 다니던 시기, 광야의 기간이었다. 다윗은 고달프고 힘든 시간에 하나님을 더욱 의지하며 찬양했던 것이다. 다윗의 시를 통해 하나님이 보시는 '중심'이 무엇인지 발견하게 된다. 바로 겸손이다. 다윗은 광야에서 자신의 나약함을 인정하고 겸허하게 하나님의 도움을 구한다.

복음주의 거장인 제임스 패커는 '약함이 길이다'(디모데, 2014)는 책에서 이렇게 말했다. "그리스도인의 삶과 섬김의 길은 곧 약함의 길이다. 인간의 힘은 언젠가 바닥이 드러나기 마련이다. 하나님의 힘만이 우리를 지탱하고, 우리에게 능력을 공급한다."

다윗은 광야를 헤맬 때, 어쩌면 더 어릴 때 겸손이 능력이요 길이라는 사실을 알았다. 인간의 힘은 반드시 바닥나고 만다는 사실을, 따라서 그것을 의지하는 삶이 얼마나 어리석은지를 그는 알고 있었던 것이다. 그것이 다윗이 하나님께 선택된 이유이다. 하나님을 추구하는 겸손한 삶의 비밀을 알았던 다윗은 그의 아들 솔로몬에게 이렇게 조언했다.

"내 아들 솔로몬아 너는 네 아버지의 하나님을 알고 온전한 마음과 기

쁜 뜻으로 섬길지어다 여호와께서는 모든 마음을 감찰하사 모든 의
도를 아시나니 네가 만일 그를 찾으면 만날 것이요 만일 네가 그를 버
리면 그가 너를 영원히 버리시리라"(역상 28:9~10)

다윗은 솔로몬에게 평생 하나님만을 의지하라고 당부했다. 영토를
넓히라고도, 강력한 왕권을 구축하라고도 말하지 않았다. 마음 중심
에서 모든 것은 변하더라도 하나님은 결코 변하지 않으신다고 믿었
기 때문이다.

변하는 시대, 변함이 없는 하나님

성경은 "하나님이 곧 사랑"이라고 전한다. 하나님의 속성인 사랑은 우리의 사랑처럼 변하지도, 약해지지도 않는다. 따라서 하나님의 사랑이 곧 우리의 이정표이다. 그 사랑의 상징이 바로 예수 그리스도시다.

1990년대만 해도 한번 선택한 직업
으로 은퇴까지 간다고 생각했다. 은퇴
후에는 딱히 직업이 필요하지 않다고
여겼다. 그러나 지금은 어떤가. 현재
눈앞의 직업이 10년 후까지 존속한다
는 보장이 없다. 세상이 엄청나게 빠
르게 변하고 있다. 세상만 변하는 것
이 아니라 사람도 변한다. 몸도 변하
고 마음도 변한다. 우리는 모든 것이
빠르게 생겨나고 사라지는 변화의 시

대를 살고 있다. 비록 변화의 시대에 살고 있지만 변하고 말 것만을 바라보고 있다면 인생의 길을 잃게 된다.

인생이 어려운 이유는 변하지 않을 것이라고 믿는 존재가 계속 변하기 때문이다. 변하기만 한다면 다행일 수 있다. 아예 사라져 없어지기도 한다. 변하고 사라지고, 금이 가고 부서지는 것이 우리가 믿고 의지하는 세상의 속성이다. 그러나 하나님의 속성은 그와는 정반대이다. 하나님은 영원하신 분이시다. 그분은 창세부터 지금까지 변하지 않으셨다. 하나님의 목적, 우리를 향한 사랑도 변하지 않았다.

"예수 그리스도는 어제나 오늘이나 영원토록 동일하시니라"(히 13:8)
"하나님이 우리를 사랑하시는 사랑을 우리가 알고 믿었노니 하나님
은 사랑이시라"(요일 4:16)

성경은 "하나님이 곧 사랑"이라고 전한다. 하나님의 속성인 사랑은 우리의 사랑처럼 변하지도, 약해지지도 않는다. 따라서 하나님의 사랑이 곧 우리의 이정표이다. 그 사랑의 상징이 바로 예수 그리스도시다. 성경은 분명히 "하나님이 세상을 이처럼 사랑하사 독생자를 주셨다"고 말한다. 무엇보다 예수님의 십자가는 하나님 사랑의 증거다. 그러니 우리는 변치 않는 하나님 사랑의 증거를 따라 걸어가야 한다. 그 끝에 무엇이 있을지 분명하다. 바로 하나님의 나라, 구원이다. 이 사실을 신뢰하고 우리가 인생의 모든 일들의 중심에서 하나님을 선택할 때 우리는 중심을 잡고 길을 잃지 않고 끝까지 빛을 향해 걸어갈 수 있다.

5. 인생의 가치, 사랑

성경 가운데 현재까지 가장 널리 읽혔고, 종교를 떠나 많은 사람들에게 회자되는 것이 '사랑장'이라 불리는 고린도전서 13장이다.

"사랑은 오래 참고 사랑은 온유하며 시기하지 아니하며 사랑은 자랑하지 아니하며 교만하지 아니하며 무례히 행하지 아니하며 자기의 유익을 구하지 아니하며 성내지 아니하며 악한 것을 생각하지 아니하며 불의를 기뻐하지 아니하며 진리와 함께 기뻐하고 모든 것을 참으며 모든 것을 믿으며 모든 것을 바라며 모든 것을 견디느니라"
(고전 13:4~7)

바울은 모든 문제의 해결책이 '사랑'이라고 생각했다. 바울이 생각한 사랑의 롤 모델은 예수님이었다. 그는 우리가 거저 받은 예수님의 사랑을 생각할 때 해결하지 못할 문제나 용서하지 못할 사람은 없다고 여겼다. 그래서 그는 이렇게 고백한다.

"사랑이 없으면 내가 아무것도 아니요"

다윗은 골리앗을 쓰러뜨린 후 사울 왕 앞에 불려갔다. 그때 다윗의 손에는 거인 골리앗의 머리가 들려있었다. 그 크기가 어마어마했을 것이다. 사울 왕은 총기가 가득한 다윗을 등용했다. 변두리의 어린 목동이 하루아침에 궁에 드나들게 된 것이다.

그날 다윗이 만난 사람 중에는 사울 왕의 아들 요나단이 있었다. 둘은 처음 만난 날부터 둘도 없는 친구가 되었다. 어쩌면 요나단은 다윗이라는 소년의 소문을 듣고 그와의 만남을 기대하고 있었을지도 모른다. 그리고 보자마자 다윗이 기대했던 그대로 하나님의 사람이었음을 알게 되었던 것이다. 성경은 그들의 첫 만남을 이렇게 기록하고 있다.

바울은 모든 문제의 해결책이 '사랑'이라고 생각했다. 바울이 생각한 사랑의 롤 모델은 예수님이었다. 그는 우리가 거저 받은 예수님의 사랑을 생각할 때 해결하지 못할 문제나 용서하지 못할 사람은 없다고 여겼다.

"요나단의 마음이 다윗의 마음과 하나가 되어 요나단이 그를 자기 생명 같이 사랑하니라"(삼상 18:1)

요나단에게는 훗날 다윗의 아내가 된 아비가일과 같이 하나님의 안목이 있었던 것 같다. 요나단이 얼마나 다윗을 사랑했는지는 이 구절을 통해서 잘 알 수 있다.

"요나단이 자기가 입었던 겉옷을 벗어 다윗에게 주었고 자기의 군복

과 칼과 활과 띠도 그리하였더라"(삼상 18:4)

겉옷, 군복, 칼, 활, 띠는 왕의 물건임을 보여주는 중요한 상징물이
다. 다윗이 나타나지 않았다면 사울 왕의 아들인 요나단이 그 물건들
을 소유했을 것이다. 그는 사울에 이어 왕이 될 신분이었다. 하지만
다윗을 본 요나단은 그가 하나님께 선택된 왕임을 확신했다. 다윗을
본 요나단은 자신의 모든 신분을 내려놓았다고 해도 과언이 아니다.
요나단은 다윗을 왕으로서 대우한 첫 번째 사람이었다(삼상 23:17)
진정한 사랑의 마음을 갖는 것은 인간에게 가장 어려운 일 가운데
하나이며 진짜를 알아보는 안목을 갖추는 일도 정말 어렵다. 안목은
지혜이고 통찰력이다. 진짜를 보는 안목을 갖는 것은 중요하지만 알
아보는 것으로 그친다면 아무것도 이룰 수 없다. 행동해야 한다. 어떻
게 행동해야 할까? 아비가일처럼, 요나단처럼 겸손하게 사랑을 실천
해야 하는 것이다.

"새 계명을 너희에게 주노니 서로 사랑하라 내가 너희를 사랑한 것 같
이 너희도 서로 사랑하라"(요 13:34)

예수님은 사랑이 우리에게 주어진 새 계명이라고 하셨다. 출애굽
시대에 모세가 받았던 열 개의 계명(십계명) 이후 처음으로 추가된
계명이 '사랑하라'이다. 너무 시시하게 느껴질 수도 있다. 요즘 '사랑'
처럼 흔하게 쓰이는 단어도 없기 때문이다. 노랫말, 상호, 이름 등으

로 얼마나 쉽게 쓰이고 있는가. 하다못해 반려동물 이름으로도 널리 쓰일 정도이다. 그런데 '사랑하는 것'이 정말 쉬울까? 사랑의 사전적 의미인 '아끼고 위하며 소중히 여기다'를 기준으로 삼는다면 누구나 한 번쯤 해 볼 만한 일로 여길 수 있다. 하지만 "사랑은 오래참고"로 시작해 "견디느니라"로 끝나는 고린도전서 13장을 기준으로 삼는다면 이 세상에서 사랑보다 어려운 일은 없을 것이다. 나보다 남을 더 사랑하는 것은 육신의 생각을 갖고 사는 우리가 쉽게 행할 수 있는 일이 아니다.

> "사랑은 오래참고"로 시작해 "견디느니라"로 끝나는 고린도전서 13장을 기준으로 삼는다면 이 세상에서 사랑보다 어려운 일은 없을 것이다. 나보다 남을 더 사랑하는 것은 육신의 생각을 갖고 사는 우리가 쉽게 행할 수 있는 일이 아니다.

내가 아닌 하나님의 뜻을 지키는 일

자신의 모든 것을 내려놓고 상대에게 헌신하는 일은 어렵다. 그런데 요나단은 자신의 혈육도 아닌 다윗을 향해 '사랑'을 보여주었다. 요나단은 사울 왕이 다윗을 죽이려 할 때마다 나서서 그를 변호하였다. 사울 왕이 모든 신하들에게 다윗을 죽이라는 명을 내렸을 때 요나단은 나서서 다윗을 옹호한다.

"요나단이 그의 아버지 사울에게 다윗을 칭찬하여 이르되 원하건대
왕은 신하 다윗에게 범죄하지 마옵소서 그는 왕께 득죄하지 아니하
였고 그가 왕께 행한 일은 심히 선함이니이다"(삼상 19:4)

아무리 친구라 해도 자신의 아버지가 왕위의 위협을 느끼는 대상
에게 끝까지 우정을 지키기란 쉽지 않았을 것이다. 게다가 다윗이 없
다면 자신이 왕이 될 상황인 것을 감안하면 요나단의 행동은 얼마나
대단한가. 훗날 실수했던 다윗보다 끝까지 좋은 모습만을 보이고 이
땅을 떠났던 요나단이 천국에서는 더 크게 칭찬받았으리라는 생각도
든다. 아무튼 다윗을 향한 요나단의 헌신은 정말 대단했다. 사울 왕을
피해 블레셋으로 도망가게 다윗을 도운 사람도 요나단이었다. 그는
아버지를 속이며 다윗을 빼돌렸고 그것 때문에 죽음의 위험을 당하
기도 했다. 그럼에도 다윗을 향한 요나단의 헌신과 사랑의 마음은 변
치 않았다. 오히려 이렇게 다윗을 다독이기도 했다.

"두려워하지 말라 내 아버지 사울의 손이 네게 미치지 못할 것이요 너
는 이스라엘 왕이 되고 나는 네 다음이 될 것을 내 아버지 사울도 안
다 하니라"(삼상 23:17)

어떻게 이런 사랑이 가능할까? 답은 간단하다. 요나단이 다윗에 앞
서 하나님을 사랑했기 때문이다. 하나님을 사랑하므로 그분이 선택
한 다윗에게 최선을 다할 수 있었던 것이다. 다윗을 지키는 일이 하나

님의 뜻을 지키는 일이라고 확신했기 때문이다. 그 확신이 진정한 사랑을 실천할 수 있게 했으며 하나님의 구원 역사에 동참하게 만든 것이다.

인생을 빛나게 하는 사랑

세상에는 여러 종류의 사랑이 있다. 부모의 사랑, 우정, 형제애, 남녀 간의 사랑 등. 우리가 하는 모든 사랑은 아름답지만 분명 한계도 있다. 죽음, 질병, 물질, 시간 등의 한계가 사랑을 변하게도 하고 중단시키기도 한다. 또한 이웃의 남편이나 아내, 혹은 소아를 향한 어긋난 사랑도 있다. 이런 사랑은 타인을 향하는 것 같지만 실상은 자신만을 위하는 것이다. 남을 고려하지 않은 사랑은 폭력과 다름없다.

'오피스 와이프'(office wife), '오피스 허즈번드'(office husband)라는 말을 들었다. 집에는 현모양처를 두고, 회사에는 연애 상대를 둔다는 의미의 신조어라고 한다. 깜짝 놀랄 일이다. 우리가 얼마나 자신만을 위한 사랑, 원하는 것을 얻기 위한 사랑에 익숙한지 알 수 있다. 최근 확산되고 있는 젊은이들의 동거문화도 변화된 결혼관을 보여준다. 동거를 찬성하는 젊은이들은 "결혼했다가 불행해질까 무섭다"고 말한다. 이들은 "상대방에 대해 속속들이 모르고 결혼했다가 너무 다르면 참고 살아야하는데, 그러다 불행해지는 것 아니냐"고 반문한다.

'딩크족'(Double Income, No Kids)은 결혼은 했지만 아이는 원하지 않는 젊은 부부들을 이르는 말이다. 이들 딩크족들은 젊은 시절 육아 문제로 고민하기보다 인생을 즐기며 사회적 성공을 이루는 것이 목표라고 말한다. 아이 때문에 참고 희생하다 불행해지는 것 아니냐고 걱정한다. 반은 맞고 반은 틀린 말이라고 생각한다. 결혼도 육아도 참고 희생해야 하는 부분이 있지만 그렇다고 결혼과 육아로 인해 반드시 불행해지진 않는다. 오히려 기쁨과 행복이 있다. 다만, 때론 힘든 길을 가야할 뿐이다. 그러나 그것을 통해 한 단계 성숙하며 앞으로 나아갈 수 있다. 결혼과 육아는 가정을 만드신 하나님의 섭리를 이루는 일이다. 나의 행복을 위해서가 아니라 하나님의 섭리 안에서 가족의 행복을 위해 발걸음을 내딛는 것이다. 그럼으로써 비록 자신의 인생의 빛은 바랠 수 있지만 주변의 인생을 밝게 비출 것이다. 하지만 이 또한 자신만, 서로만 바라봐서는 하나님의 뜻을 이루기 어렵다. 하나님을 바라봐야 서로를 감당할 수 있다. 요나단처럼 하나님을 바라봐야 죽기까지 상대를 사랑할 수 있다. 사람은 가변적이나 하나님은 불변하시기 때문이다. 하나님은 그 변함없는 사랑을 통해 항상 놀라운 일을 시작하신다.

한 번뿐인 인생, 하나님을 위해

'한 번뿐인 인생 나를 위해 살라'는 요즘 세태의 구호에 비춰볼 때,

요나단의 사랑은 어리석기 그지없다. 요즘의 가치대로라면 요나단이 다윗을 도우며, 아버지를 배신할 이유가 전혀 없다. '나'를 중심에 둔다면 그렇다. 하지만 요나단은 '나'보다 '하나님'을 선택했다. 그는 한 번뿐인 인생을 오직 하나님의 뜻을 이루기 위해 살았다. 요나단의 희생으로 다윗이 살았고 예수님의 계보가 시작됐다.

> "하나님이 약속하신 대로 이 사람(다윗)의 후손에서 이스라엘을 위하여 구주를 세우셨으니 곧 예수라"(행 13:23)

요나단은 장차 오실 메시아 예수 그리스도의 계보가 되는 다윗을 살림으로써 하나님의 구원의 역사를 세우는 일에 쓰임 받았다. 단순한 우정을 넘어 인류 구원 역사의 귀한 통로가 된 것이다. 그래서 요나단이 정말 귀하다. 사랑은 누구나 할 수 있지만 모두가 사랑에 끝까지 성공하지는 않는다. 어떤 사랑이든 하나님으로부터 시작해야 밝게 빛나는 결말에 이를 수 있다. 우리는 하나님을 통해서만 자기중심적 사랑에서 완벽히 벗어날 수 있기 때문이다. '자기중심'이라는 이기적 마음을 벗어난 사랑만이 자신은 물론 상대방 인생의 빛이 될 수 있다.

모든 것은 하나님의 선물이다. 선물은 값없이 얻는 것이다. 구원이라는 엄청난 선물을 아무런 대가 없이 얻은 우리가 해야 할 것은 하나님께 겸손하게 순종하는 일 외에는 없다. 자신이 무익한 존재임을 인정하며 겸손하게 하나님만 바라고 예수님과 동행하는 것이야말로 천국을 준비하는 지혜로운 자가 취할 자세다.

III

인생,

영혼을 향한

걸음

1. 변화를 향한 첫 걸음

뉴욕의 젊은 디자이너 포스트 허팅턴은 친구들과의 저녁 파티에서 흥미로운 질문을 하나 발견했다. "집에 불이 난다면 무엇을 먼저 갖고 나오겠는가?" 질문은 단순하지만 다양한 의미를 내포하고 있었다. 집에 돌아온 그는 웹페이지 '더 버닝하우스닷컴'을 개설, 이 단순하고 짧은 질문을 온라인상에 올렸다. 세계 각지에서 다양한 대답이 쏟아졌다. 큰 이슈가 되었고 사람들의 대답을 모아 '지금 나에게 가장 소중한 것'이라는 책이 출간되었다. 한 줄의 짧은 질문에서 사람들은 현재 자신의 삶에서 가장 소중한 가치가 무엇인지를 떠올렸던 것이다.

당장 죽음이 온다 해도

중학교 2학년 때 교회 전도사님으로부터 아주 충격적인 질문을 받은 적이 있다. "예수님을 믿으면 지금 죽고, 안 믿으면 살 수 있다고 해도 예수님을 선택하겠느냐?"는 질문이었다. 하나님을 믿고 예수님을 사랑하지만 당장 죽는다니 망설여졌다. '아, 죽는다니…' 어린 마음에 선뜻 대답을 못 하고 집으로 돌아왔다. '예수님 없이 살 것인가, 예수님과 죽을 것인가.' 그 질문은 일주일 내내 나의 마음을 괴롭혔다.

거짓으로라도 "예수님과 함께라면 죽어도 좋지요"라는 답을 할 수는 없었기 때문이었다. 처음에는 죽음에 대한 생각으로 복잡했던 마음은 점차 단순해졌다. 내면 깊숙한 곳에서 소리가 올라왔다.

"예수님 없이 살 수는 없지!" "예수님 없이 살 수는 없지!"

마침내 나를 위해 십자가에서 죽으시고 부활하신 예수님을 어떤 상황에서라도, 심지어 죽음이 온다 하더라도 놓을 수 없음이 확인되어 졌다. 그러자 내가 하나님의 자녀임이 확실히 믿어졌고 마음에 기쁨이 차오르기 시작했다.

> 인생의 궁극적인 변화는 내면으로부터 시작된다. 겉으론 쉽게 드러나지 않지만 마음과 생각이 변할 때 말과 행동, 삶의 방향과 목표는 조금씩 변한다. 어떤 경우에도 '자신이 가장 소중하다고 여기는 것'을 붙잡는 것이 변화의 열쇠다.

즉시 교회 전도사님에게 달려가 "예수님 없이는 도저히 살 수 없을 것 같아요"라고 말했다. 그러자 전도사님은 웃으며 "이제 됐다!"고 등을 두드려 주셨다. 그것이 내 삶의 변화의 시작이었다. 그때 이후로 지금까지 하나님이 나의 인생에서 가장 중요한 가치라는 생각은 변함이 없다. 그 생각이 가정생활과 사역 등 내 삶과 내가 지금까지 달려온 모든 것의 뿌리다.

이렇게 인생의 궁극적인 변화는 내면으로부터 시작된다. 겉으론 쉽게 드러나지 않지만 마음과 생각이 변할 때 말과 행동, 삶의 방향과 목표는 조금씩 변한다. 어떤 경우에도 '자신이 가장 소중하다고 여기는 것'을 붙잡는 것이 변화의 열쇠다.

우리가 가장 소중하게 생각하는 가치는 인생을 이루는 뿌리가 된다. 건강한 뿌리는 잎을 우거지게 하고 꽃을 피우며 열매를 맺지만 건강하지 못한 뿌리는 잎이 마르게 하고 먹을 수 없는 열매를 맺게 한다.

인생을 무너뜨리는 뿌리

이스라엘 민족이 왕을 세워달라고 요구한 이후 하나님은 사무엘에게 말씀하신다.

"내일 이맘 때에 내가 베냐민 땅에서 한 사람을 네게로 보내리니 너는
그에게 기름을 부어 내 백성 이스라엘의 지도자로 삼으라"
(삼상 9:16)

베냐민 지파 기스의 아들이었던 사울은 사환과 함께 아버지가 잃어버린 암나귀를 찾아다니고 있었다. 암나귀를 찾다 숩 땅까지 이른 사울은 그만 집으로 돌아가려 했으나 사환이 선견자를 찾아가 보자고 말한다. 그에게 물으면 혹시 길을 알려줄지 모른다는 것이었다. (삼상 9:5~6)

그렇게 선견자를 찾아가던 사울은 사무엘을 만나 "선견자의 집이

어디냐"고 물었다. 그는 사무엘이 선견자임을 몰랐다. 그때 사무엘은
사울이 곧 하나님이 말한 사람이라는 음성을 듣는다.(삼상 9:16) 사무
엘은 사울에게 말한다.

> "사흘 전에 잃은 네 암나귀들을 염려하지 말라 찾았느니라 온 이스라
> 엘이 사모하는 자가 누구냐 너와 네 아버지의 온 집이 아니냐"
> (삼상 9:20)

사무엘이 그를 드높이자 사울은 손사래를 친다.

> "나는 이스라엘 지파의 가장 작은 지파 베냐민 사람이 아니니이까 또
> 나의 가족은 베냐민 지파 모든 가족 중에 가장 미약하지 아니하니이
> 까"(삼상 9:21)

  그날 저녁 사무엘은 사양하는 사울을 상석에 앉혀 가장 좋은 것으
로 대접하며 사실 자신이 그를 기다리고 있었다고 말했다. 그리고 다
음날 동이 틀 때쯤 사울에게 기름을 부었다. 이후 사무엘은 이스라
엘 백성을 모으고 사울을 왕으로 지목하지만 백성들은 반신반의했
다. 그들에게 사울이 왕의 재목으로 보이진 않았기 때문이었다. 그
러나 사울은 이스라엘을 위협하던 암몬을 쳐서 물리쳤고 "사울이 어
찌 우리를 다스리겠느냐"고 비웃던 사람들도 모두 용서했다.(삼상
11:11~13)

이렇게 처음에 사울은 겸손했고 남을 배려할 줄 알던 자였다. 그러나 시간이 흐르면서 하나님 대신 '왕'이라는 땅에 뿌리를 내린 그의 중심이 곧 그를 무너뜨렸다. 하나님을 섬기는 이스라엘의 왕이었지만 마음에 소원하는 바는 '왕의 자리'였다. 그는 왕으로 오랫동안 이스라엘을 다스리길 원했다. 그것은 철저히 육신의 생각이었다. 육신의 생각은 하나님과 공존할 수 없다. 결국은 불순종의 길로 나아갈 뿐이다. 가장 소중하다고 생각하는 가치가 하나님이 아니기 때문이다. 집에 불이 나면 모든 것 버리고 황급히 피하는 것과 같이 인생의 위기가 닥치면 쉽사리 하나님을 버리게 된다.

목회자로서 "교회만 다닌다고 구원받는 것은 아니다"라는 다소 실망스러운 말씀을 전하기도 한다. 사실이다. 정기적으로 예배를 드리더라도 내면에서 가장 중요하게 여기는 가치가 하나님이 아닌 다른 것들이라면 삶의 변화는 이뤄질 수 없기 때문이다.

빛으로 나아가는 첫 걸음

이어령 교수는 우리나라의 대표적인 지성이다. 그는 오랫동안 무신론자로 살았지만 딸 이민아 목사의 암 투병을 계기로 지난 2007년 7월 23일, 온누리교회의 '러브 소나타' 기간 동안 도쿄에서 세례를 받았다. 이어령 교수가 세례 받은 것은 각 언론에 기사화 될 정도로 큰 이슈였다. 그는 오랫동안 무신론자로 지내왔던 지성인의 대표였기 때문이다. 그는 세례식 당시 "혼자 바들바들하면서 여기까지 온 내가 너무 불쌍해서 나도 모르게 눈물이 나왔다"고 고백했다. 초대 문화부장관을 지낼 만큼 존경을 받았으나 돌아보니 스스로가 너무 불쌍했다는 것이다. 이어령 교수는 '지성에서 영성으로'라는 자전적 책의 서문에서 "나는 아직도 지성과 영성의 문지방

> 육신의 생각은 하나님과 공존할 수 없다. 결국은 불순종의 길로 나아갈 뿐이다. 가장 소중하다고 생각하는 가치가 하나님이 아니기 때문이다. 인생의 위기가 닥치면 쉽사리 하나님을 버리게 된다.

위에 서 있다. 누구보다도 이 글들을 아직 문 앞에서 서성거리는 사람들을 위해 바치고자 한다"고 말했다. 아직도 하나님을 믿지 않는 사람들에게 불쌍하게 혼자 바들바들 떨며 서성이지 말고 하나님을 만나라고 권면한 것이었다.

하나님을 만나 그분을 자기 인생의 가장 소중한 가치로 받아들이는 일은 결코 쉽지 않다. 매주 교회에 출석한다고 되는 것도, 헌금을 많이 드린다고 되는 것도 아니다. 하나님께 기름부음을 받아 새로운 정체성을 찾아야 한다. 우리가 하나님의 자녀임을 깨닫는 것이 중요하다. 하나님의 선택으로 사울은 하루아침에 왕의 신분이 되었다. 다윗도 마찬가지다. 물론 삶의 환경까지 변하는 데는 시간이 걸렸지만 그들은 하나님으로부터 기름부음을 받는 순간 왕의 신분을 갖게 되었다. 그리고 그 신분을 자각하는 순간, 삶이 변했다. 이것은 우리에게도 똑같이 적용될 수 있다. 하나님의 자녀임을 깨닫는 순간, 우리의

삶은 변하게 될 것이다. 그 순간, 하나님을 가장 중요한 가치로 믿고 순종하며 빛으로 나아가게 되는 것이다.

이어령 교수는 하나님을 받아들이는 순간, '혼자 바들바들하면서 여기까지 온' 자신을 깨달았다고 했다. 우리 대부분은 그렇게 혼자 고군분투하고 있다. 모두들 그럴 듯 해 보이지만 실제론 셰익스피어의 말대로 언제 무대에 나갈지 전전긍긍하고 있는 가련한 삼류배우와 같은 인생을 살고 있다. 아픔 가득한 인생을 혼자 바들바들 떨며 걸어가고 있는 것이다. 하지만 하나님의 자녀가 된다면 더는 혼자서 전전긍긍하는 인생을 살 필요가 없다. 만군의 주가 우리의 동행자가 되시기 때문이다.

역량이 아닌 하나님께 기댐

사무엘로부터 기름 부음을 받았지만 사울은 처음엔 왕이 되리라는 말을 믿지 않았다. 그런 사울에게 사무엘은 몇 가지 예언을 했다. 암나귀를 이미 찾았다는 것과 집으로 돌아가다 만나는 사람에게서 떡 두 덩이를 얻으리라는 것, 여호와의 영이 임하여 예언하게 되리라는 것이었다. 그리고 사무엘은 말한다.

> "이 징조가 네게 임하거든 너는 기회를 따라 행하라 하나님이 너와 함께 하시느니라"(삼상 10:7)

사무엘은 사울에게 '왕'으로서 행동할 것을 명령한다. 성경은 사울이 순종하여 몸을 돌이킬 때에 하나님이 새 마음을 주셨다고 말한다.(삼상 10:9) 그 후 사울은 암몬을 물리쳤고 이스라엘을 굳건히 지켰다. 진짜 왕이 되었다.

　하나님의 법칙과 세상의 법칙은 순서가 다르다. 세상에서는 왕이 될 사람은 왕의 자질을 스스로 증명해 나가야 한다. 하지만 하나님 나라에선 하나님의 선택으로 왕이 되며, 그 선택된 자가 순종하며 왕의 신분을 자각할 때 진정한 왕으로 거듭날 수 있다. 우리의 인생도 이와 다르지 않다. 하나님이 구원자임을 믿고 삶의 가장 소중한 가치임을 깨달으면 삶은 한 걸음씩 빛으로 나아가게 된다. 그것은 개인의 역량이나 자기 의지에 달린 문제가 아니다. 주체는 언제나 하나님이다. 하나님께 기대면 기댈수록 더 쉽게 우리는 빛에 가까워지게 되는 것이다.

2. Nothing에서 Something으로

십계명은 하나님이 정하신 열 가지 법칙이다. 주일 성수, 부모 공경, 살인과 간음의 금지 등 기독교의 근간이 되는 법칙들이다. 그중 제1계명은 다음과 같다.

"너는 나 외에는 다른 신들을 네게 두지 말라"(출 20:3)

간결하고 명확하다. 하나님 이외의 다른 어떤 신도 섬기지 말라는 명령이다. 이는 다른 종교를 갖지 말라는 의미도 있지만 인생과 관련해선 삶의 방향을 하나님께로 두라는 의미이기도 하다. 따라서 평생 기독교인이었다고 해서 제1계명에 충실했다고 단정할 수는 없다. '다른 신'은 신(神) 외에 여러 가지 의미를 내포하기 때문이다.

사울은 왕이 된 후 '왕'이라는 신분에 집착하면서 하나님께 불순종했고 내리막길을 걷게 되었다. 사울을 보면 사람이 얼마나 쉽고 빠르게 변하는지 알 수 있다. 처음에 보았던 그의 겸손이 무색해질 정도로 사울은 전혀 다른 사람이 되었다. 사울의 경우에는 '왕'이 곧 '다른 신'이었다.

사울의 출발은 그렇지 않았다. 사울이 왕이 되었을 당시 베냐민 지파는 이스라엘의 열두 지파 중에서 가장 규모가 작았다. 사울 스스로도 "이스라엘 지파의 가장 작은 지파 베냐민 사람"이라고 자신을 소개한다. (삼상 9:21) 하지만 하나님은 그런 사울을 택하셨다.

가장 작은 지파에서 나온 왕

이스라엘에 왕이 없던 사사기 시대에 한 레위 지파 사람이 첩을 맞이하였다. 사실 레위 지파 사람이라면 요즘의 성직자라고 할 수 있는데 첩을 두었다니 당시 사회가 문란했음이 드러난다. 그런데 첩이 행음을 하고 친정집 유다 베들레헴으로 돌아갔다. 넉 달 후 레위 사람은 첩을 데리러 가서 며칠을 보내고 함께 돌아오는 길에 베냐민에 속한 기브아에 이른다. 날은 어두운데 아무도 그를 집으로 들이는 사람이 없다. 노숙을 하게 되어 난처해하고 있을 때 에브라임의 노인이 그를 보고 다가왔다. 거할 곳이 없다면 자신의 집으로 가서 유숙하라고 온정을 베풀었다. 레위 사람과 그 첩은 노인의 집에서 쉬며 나귀에게 짚을 먹였다. 편안한 시간을 보내고 있는데 노인의 집에 불량배들이 찾아왔다.

"네 집에 들어온 사람을 끌어내라 우리가 그와 관계하리라"(삿 19:22)

레위 사람을 겁탈하겠다는 얘기였다. 실랑이 끝에 레위 사람 대신 첩이 끌려 나갔고 밤새 유린을 당해 죽고 만다. 레위 사람은 이 기막힌 일을 이스라엘 온 지파에 알렸다. 비상이 선포되고 이스라엘의 지파가 모두 모였지만 베냐민 지파는 오지 않았다. 또한 첩을 죽게 만든 불량배도 자기 지파 사람들이라며 내놓지 않았다. 결국 베냐민 지파 대 이스라엘 열한 지파의 싸움이 일어났다. 이 사건으로 베냐민 지파는 몰살을 당하고 남자 600명만이 남았다.

베냐민 지파가 이스라엘 열두 지파 중 가장 작았던 이유다. 하나님이 사울을 왕으로 지목하기까지 베냐민은 이스라엘의 아픈 상처고 어두운 그늘이었다. 같은 민족끼리 싸웠고 한 지파가 몰살되다시피 됐으니 승패와 상관없이 상처가 될 수밖에 없었다. 하지만 하나님은 가장 작고 낮은 지파로부터 왕을 선택해 세웠다. 우리는 앞서 하나님이 사람을 선택할 때 핵심 기준이 '겸손'임을 보았다. 왕이 되기 전 사울은 하나님의 기준에 부합하는 사람이었다. 가장 작은 지파에서 태어났고 주목받지 못했으며 상처가 있는, 겸손할 수밖에 없는 사람이었다. 그것이 사울이 이스라엘의 초대 왕으로 선택된 이유였던 것이다.

'Nothing'이라는 고백

하나님의 기준은 세상의 기준과는 너무나 큰 차이가 있다. 학벌, 집안, 외모 등 어떤 것도 소용이 없고 겸손하기만 하면 된다니 너무 쉽게 느껴지기도 한다. 요즘 청년들이 취직하기가 얼마나 어려운가. 좋은 대학을 나와도 높은 학점, 자격증, 어학, 봉사활동에 이제는 인턴 경험도 반드시 필요하다고 한다. 모든 스펙을 쌓으려면 대학 4년으로는 어림도 없다. 그런데 하나님은 우리가 생각하는 여러 능력보다 '겸손함'을 가장 중요하게 생각하신다. 그렇다면 사울이 잃어버린 겸손이란 무엇일까?

> 하나님이 말씀하신 겸손의 정답은 예수님을 통해 얻을 수 있다. 예수님이 강조한 겸손의 태도는 'Nothing'(아무것도 아님)이다.

하나님이 말씀하신 겸손의 정답은 예수님을 통해 얻을 수 있다. 예수님이 강조한 겸손의 태도는 'Nothing'(아무것도 아님)이다. 예수님은 사역 동안 여러 차례 자신이 아무것도 아님을 강조하셨다. 40일 금식하시고 사단의 시험을 물리치시고, 죽은 사람도 일으키셨지만 예수님은 "아버지께서 하시는 일을 보지 않고는 아무 것도 스스로 할 수 없다"고 말씀하셨다. (요 5:19)

"내가 아무 것도 스스로 할 수 없노라 듣는 대로 심판하노니 나는 나의 뜻대로 하려 하지 않고 나를 보내신 이의 뜻대로 하려 하므로 내 심판은 의로우니라"(요 5:30)

예수님은 본인의 의지를 내려놓을 때 의롭게 된다고 말씀하셨다.

"··· 내가 스스로 아무 것도 하지 아니하고 오직 아버지께서 가르치신
대로 이런 것을 말하는 줄도 알리라"(요 8:28)
"··· 나는 스스로 온 것이 아니요 아버지께서 나를 보내신 것이니
라"(요 8:42)

전적으로 맡기고 스스로 아무것도 아니라고(Nothing) 고백하는
모습이 하나님이 생각하시는 진정한 겸손의 모습이다. 앤드류 머레
이는 이제는 고전이 된 '겸손'(CH북스, 2018)에서 "겸손은 바로 우리
의 완전한 무가치함(the sense of entire Nothingness)을 깨닫는 것,
하나님을 전적으로 의지함"이라고 말했다. 예수님이 여러 차례 고백
하셨던 그대로다. 죽은 나사로를 살리셨던 예수님조차 스스로 아무
것도 아니라고 고백하셨는데, 사울은 하나님의 은혜로 왕이 되었음
에도 불구하고 2년 만에 그 마음이 변해 불순종하고 스스로를 위한
기념비를 세울 정도로 교만해졌던 것이다. 스스로를 특별하다고 생
각하기 시작하면서 겸손의 마음은 가뭄의 논바닥처럼 쉽게 말라버
리고 말았다.

'나니아 연대기'를 쓴 저명한 기독 변증가인 C.S.루이스는 '순전한
기독교'(홍성사, 2001)에서 "음란과 정욕보다 더 무서운 것이 자기 의
다. 자기 의는 지옥 불에서 올라온 교만이기에 상을 빼앗긴다"고 했
다. '나 스스로 충분히 할 수 있다'는 자기 의는 교만이라는 뿌리에서
자라는 사탄의 꽃이다. 혼자서는 아무것도 할 수 없는 사람이 되라는
말이 아니다. 우리는 무엇이든 할 수 있는 능력의 사람이 되어야 하지

만 그 뿌리가 하나님께 있다는 사실을 절대 망각해서는 안 된다는 것이다. 가지가 아무리 튼튼해도 뿌리 없이 열매를 맺을 수는 없다. 뿌리가 땅에 파묻혀 드러나지 않는다는 이유로 그 존재를 망각한다면 가지는 온전한 열매를 맺을 수 없다. 이런 교만이 비단 사울만의 문제인 걸까? 어쩌면 '나는 교만하지 않아'라는 생각 자체가 교만일 수도 있다.

음란과 정욕보다 더 무서운 자기 의(義)

어려서부터 교회를 다니거나 목사라는 직업을 선택하면 상대적으로 악한 사람을 만날 확률이 적어진다. 지인 중에 범법행위를 저지르는 사람이 많지 않고, 도둑질, 간음, 사기 등의 범법행위와 다소 멀어지다 보면 어느새 우리 자신의 삶이 죄와 아주 멀다고 느끼게 된다. 또한 죄를 '남의 일'로 여겨 쉽게 단죄하기도, 죄인으로 드러난 사람을 쉽게 판단하기도 한다.

이렇게 되면서 우린 스스로를 '남보다 낫다'고 여길 때가 정말 위기라는 사실을 명심해야 한다. "적어도 나는 저 사람처럼 도둑질은 안 해"라거나 "저 사람은 교회를 다니면서 아직도 술 담배를 하다니"라며 주변의 사람들을 비난하며 스스로를 높인 적이 있다면 깊이 자신을 돌아봐야 한다. 우리 모두는 스스로의 힘으론 의(義)에 이를 수 없는 죄인들이다. 범법자들만이 아니라 모두 마찬가지다. 오늘은 겸손한 사울이지만 내일은 교만한 사울 왕이 될 수 있음을 잊으면 안 된다. 우리는 아침저녁으로 변하는 '육신의 생각'을 품고 사는 사람들이다. 언제나 성경의 이 말씀을 기억해야 한다.

"아무 일에든지 다툼이나 허영으로 하지 말고 오직 겸손한 마음으로 각각 자기보다 남을 낫게 여기고"(빌 2:3)

이 말씀 앞뒤로 아무런 조건이 붙지 않는다. 기독교인이든 아니든, 드러난 죄인이든 아니든 그저 남을 나보다 낫게 여기라는 것이다. 그것이 하나님이 말씀하신 겸손의 참모습이다. 그것을 거부하는 것이 자기 의며 교만이다.

베드로는 닭의 울음소리를 들을 때, 비로소 자신의 죄인 됨을 보고 '겸손의 길'로 나아간다. 베드로는 예수님의 제자 중 핵심 인물이었지만 예수님을 배신하는 죄인 된 자신의 본 모습(Nothing)을 깨달은 순간, 진짜 제자(Something)가 되었다.

찰스 스펄전 목사 역시 인간이 짓는 가장 큰 죄가 교만이라고 말했다. 그러나 의외로 많은 사람들이 교만을 죄라고 생각하지 않는다. 스스로 완벽하다고 말하는 사람은 교만의 죄가 무엇인지 모르는 사람이다. 솔직히 그렇게 말하는 사람이야말로 가장 교만한 사람이다. 단지 법을 어기지 않았다고 스스로 죄인이 아니며 선하다고 믿는 사람은 사실 교만이라는 가장 큰 죄를 짓고 있다는 것을 기억해야 한다. 그 사람은 자기 의라는 가장 크고 무서운 우상을 섬기고 있는 것이다. 정말 두렵고 떨리는 마음으로 스스로에게 교만의 모습이 있지 않은지를 점검해야 한다.

Nothing에서 Something으로

자신의 본모습(Nothing)을 깨달을 때 제자(Something)가 될 수 있다. 베드로는 예수님의 열두 제자 중 핵심이며 그를 통해 교회의 역사가 시작되었다고 해도 과언이 아닐 정도로 큰 역할을 담당했던 인물이다. 예수님 사역의 처음부터 끝까지를 목격한 제자 중 하나다. 하지만 그는 예수님을 세 번 부인한 제자로도 유명하다. 예수님이 십자가에 달렸을 때 베드로는 예수님을 모른다고 세 번이나 강력히 부인했다. 이는 예수님께서 이미 예언하신 내용이었다. 예수님은 닭이 울기 전 베드로가 자신을 세 번이나 부인하리라고 예언하셨다. 그때도 베드로는 "결코 그럴 일은 없다"고 큰 소리를 쳤다. 하지만 그는 예언대로 세 번이나 강력히 예수님을 부인했다. 베드로는 닭의 울음소리를 들을 때, 비로소 자신의 죄인 됨을 보고 '겸손의 길'로 나아간다. 베드로는 예수님의 제자 중 핵심 인물이었지만 예수님을 배신하는 죄인 된 자신의 본 모습(Nothing)을 깨달은 순간, 진짜 제자(Something)가 되었다.

"그러므로 내가 그리스도를 위하여 약한 것들과 능욕과 궁핍과 박해와 곤고를 기뻐하노니 이는 내가 약한 그 때에 강함이라"(고후 12:10)

사울이 무너지게 된 것은 그가 출발점에서 고백한 '아무것도 아닌 존재'(Nothing)라는 자신의 정체성을 잃어버렸기 때문이다. 내가 끝까지 'Nothing'이라고 고백하며 겸손히 행할 때, 하나님은 그런 나를 '참된 제자가 된 존재'(Something)로 바꾸신다. 그러나 나 스스로가 'Something'이 되려면 파멸의 길로 치닫게 된다. 그 자체가 우상이 되는 것이다. 사울이 그랬다. 사울의 삶이 우리에게 주는 메시지가 바로 그것이다. 여기서 우리는 반드시 배워야 한다. 어떤 경우에도 하나님 이외에 다른 신을 섬기지 않는 것이야말로 하나님께 전적으로 의지하는 것이며 피조물이 지닐 수 있는 가장 겸손한 자세다. 우리는 스스로 아무것도 할 수 없는 존재라는 절대 겸손을 잃지 않아야 한다. 헨리 블랙가비 목사는 "우리 안에 하나님을 기쁘게 할 아무런 능력이 없다는 것을 인정하는 것이 겸손"이라고 말했다. 우리의 힘, 심지어 겸손까지도 하나님의 은혜 없이는 얻을 수 없다. 나는 철저히 무익한 종이기에 오직 하나님만 의지한다는 마음을 지닐 때, 역설적으로 우리는 강해지며 하나님께 선택받는 특별한 존재(Something)가 될 수 있다.

3. 인생 약속

노란 리본에 얽힌 유명한 이야기가 있다. 한 남자가 죄를 짓고 뉴욕 형무소에서 3년을 보냈다. 집으로 돌아가는 버스를 탔지만 마음은 무겁기만 했다. 버스 기사가 무슨 일인지를 물었다. 남자는 자신을 기다리는 아내에게 새로운 사람을 만나도 괜찮다고 이미 말했다고 했다. 아내가 자신을 기다리지 않아도 할 말이 없다는 것이다. 하지만 용서한다면 좋은 남편이 되도록 노력하겠으니 버스가 지나는 길목의 참나무에 노란 리본을 달아 달라고 부탁했다고 말했다. 버스를 타고 가다 노란 리본이 없다면 그냥 지나쳐 가겠다면서. 그래서 그는 형기를 마치고 집으로 향하는 버스에 탔지만 마음이 편치 않았던 것이다. 그 이야기를 들은 기사를 비롯해 버스 안의 사람들은 하나같이 긴장했다. 그의 아내가 참나무에 노란 리본을 달았을까? 너무나 유명한 이야기라 독자들께서 이미 결론을 알았겠지만, 그의 아내는 참나무 가득 노란 리본을 달아놓았다. 혹여 남편이 노란 리본을 못 볼까 조마조마한 마음에 한 개가 아닌 수십 개의 노란 리본을 참나무 곳곳에 달아 놓은 것이다. 이를 본 마을 사람들이 합세해 길가의 참나무를 온통 노란 리본으로 물들였다는 이야기다. 이 이야기는 1973년에 미국의 팝 그룹인 토니 올랜도 앤 던이 'Tie a Yellow Ribbon Round The Ole Oak Tree'(늙은 참나무에 노란 리본을 매어주세요)라는 노래로 발표

> 예수님을 믿고 하나님의 자녀가 되었다면 우리의 삶은 변해야만 한다. 예수님의 길을 좇아 예수님처럼 살고자 노력해야 하는 것이다. 그것은 피보다 더 진한 약속이다. 크리스천들은 그 약속을 지켜야 한다.

하면서 세계적으로 유명해졌다. 이후 노란 리본은 귀환, 귀향, 약속 등의 상징으로 쓰이기 시작했다.

하나님의 노란 리본, 예수

하나님도 우리를 위해 노란 리본을 달아두셨다는 사실을 아는가. 바로 예수님이다. 예수님의 십자가가 의미하는 바는 하나님께서 우리를 기억하고 계시며, 용서하셨고, 우리가 돌아오길 기다리신다는 것이다. 이는 누구에게나 평등하게 적용되는 약속이다. 돌아오기만 하다면 죄인의 길에서 벗어나 새로운 삶을 시작할 수 있다. 그렇다면 어떻게 해야 하나님께로 돌아갈 수 있을까?

"내 안에 거하라 나도 너희 안에 거하리라 가지가 포도나무에 붙어 있지 아니하면 스스로 열매를 맺을 수 없음 같이 너희도 내 안에 있지 아니하면 그러하리라"(요 15:4)

예수님으로 인한 구원을 믿고 그분과의 관계 안으로 들어가는 것이다. 관계 안으로 들어간다는 말은 예수님의 구주되심과 우리가 하나님의 자녀임을 믿는 것이다. 그렇다면 하나님과의 관계에서 가장 중요한 것이 무엇일까? 그분과 어떻게 관계를 잘 유지할 수 있을까?

노란 리본은 아내가 남편을 용서하고 받아들였다는 사실을 상징한다. "당신의 죄를 기억하지 않고 용서했으며 기다리고 있다"는 뜻이다. 남편이 그 노란 리본을 보고 아내의 메시지를 받아들여 버스에서 내린다면 그는 아내와 무언의 약속을 하는 것이다. "이제 죄인의 길에서 떠나 당신의 남편으로 새롭게 살겠다"고 말한 것이다.

"그런즉 누구든지 그리스도 안에 있으면 새로운 피조물이라 이전 것은 지나갔으니 보라 새 것이 되었도다"(고후 5:17)

예수님을 믿고 하나님의 자녀가 되었다면 우리의 삶은 변해야만 한다. 예수님의 길을 좇아 예수님처럼 살고자 노력해야 하는 것이다. 그것은 피보다 더 진한 약속이다. 크리스천들은 그 약속을 지켜야 한다. 인생 전 과정에서 하나님과 신뢰를 쌓아가는 것이 크리스천들의 삶이라고 할 수 있다.

하나님과 맺은 인생 약속

앞서 사무엘의 모친 한나가 스스로 '슬픈 여자'라고 고백하는 것을 보았다. 그녀는 아이를 낳지 못했고 남편의 첩에게 무시와 핍박을 당했다. 하지만 기도함으로 확신을 얻었다. 여기서 중요한 한나의 약속이 나온다.

"내가 구하여 기도한 바를 여호와께서 내게 허락하신지라 그러므로 (now therefore) 나도 그를 여호와께 드리되 그의 평생을 여호와께 드리나이다"(삼상 1:27~28).

한나가 자신이 낳을 아이를 하나님께 드리겠다고 서원하는 장면이다. 약속하고 돌아간 후, 한나는 임신했고 사무엘이 태어났다. 여기서부터 한나의 약속 이행이 시작된다. 언제까지일까? 그녀의 약속대로 '그(사무엘)의 평생'까지다.

당시 관습상 여성의 약속은 효력이 별로 없었다. 아내도 남편의 소유 아래 있다고 생각했기 때문에 한 여성이 약속을 했더라도 그 남편이 허락하지 않으면 무효가 되었다. 만약 남편 엘가나가 한나의 약속 이행을 허락하지 않았다면 그녀는 아들 사무엘과 평생 함께 할 수 있었던 것이다. 남편 핑계를 대고 얼마든지 약속을 파기할 수 있었다. (민 30:8) 하지만 한나는 남편에게 "아이를 젖 떼거든 내가 그를 데리고 가서 여호와 앞에 뵙게 하고 거기에 영원히 있게 하리이다"라고 말한다. (삼상 1:22) 그녀의 강한 의지를 보고 엘가나는 동의할 수밖에 없었을 것이다.

여성이 젖 뗀 아이와 떨어지는 일은 세상 그 어떤 것보다 어려울 것이다. 하물며 오랫동안 기다리던 아이인데 오죽했을까. 하지만 한나는 약속을 지켰다. 하나님에 대한 신뢰를 보여준 것이다. 신뢰는 말로 쌓는 것이 아니라 행동으로 쌓이는 것임을 알 수 있다. 이를 통해 한나가 가장 소중하게 여기는 가치가 아들 사무엘이 아니라 하나님이라는 것도 드러난다.

요즘 '인생'이라는 단어를 붙이는 게 유행이다. 인생 영화, 인생 책, 인생 드라마 등으로 '살면서 가장 중요한 무엇'을 만났을 때 앞에 '인생'을 붙인다. 나는 하나님의 품으로 들어온 일을 '인생 약속'으로 여긴다. 그것이 내 인생에서 가장 중요한 터닝 포인트로 "하나님의 자녀로 살겠다"고 약속한 것이기 때문이다. 약속은 입으로 뱉었을 때가 아니라 지켜졌을 때 비로소 가치가 있다. 그리고 지켜지는 순간 놀라운 일이 벌어진다. 한나가 하나님과의 약속을 지키지 않았다면 대제사장 사무엘이 이스라엘 역사에 등장할 수 있었을까? '한나'라는 여인이 성경에 기록될 수 있었을까? 우리는 한나를 통해 하나님이 약속을 얼마나 소중히 생각하시는지, 그리고 약속이 지켜졌을 때 얼마나 놀라운 일이 일어나는지를 알 수 있다. 약속은 결국 축복의 시작이다.

깨지지 않은 하나님의 약속

성경에 나오는 가장 유명한 약속 중 하나는 아브라함과 하나님의 약속이다. 하나님은 오랫동안 아이가 없었던 아브라함에게 이렇게 약속하셨다.

현재도 이스라엘 민족을 통해 하나님의 약속이 유효함을 우리는
알 수 있다. 하지만 성경의 모든 약속이 성실히 지켜졌던 건 아니다.
앞서 보았던 베드로의 배신은 성경에 나오는 '깨어진 약속'의 전형과
같다.

예수님은 잡히시던 날 밤에 "오늘 밤에 너희가 다 나를 버리리라"고
제자들에게 말하셨다. 그때 베드로가 나서서 강력히 부인하며 두 번
이나 "주와 함께 죽을지언정 주를 부인하지 않겠나이다"라고 약속한
다.(마 26:34~35) 그러나 베드로는 다음 날 닭이 울기도 전에 세 번이
나 예수님을 부인했다. 약속은 산산이 부서졌다. 베드로가 특별히 믿
음이 없는 사람이라서 그랬다고는 생각하지 않는다. 사람은 누구나
두려움 앞에서 마음에 정한 바를 지키지 못하게 된다. 사라지지 않을
육신의 생각을 품고 사는 우리의 마음은 언제든 변할 수 있다. 중요한
것은 그럼에도 불구하고 우리와 약속하시고 그것을 신실하게 지키시
는 하나님이 계시다는 사실이다.

예수님을 세 번이나 부인했던 베드로의 후일담은 더 유명하다. 3일
만에 부활하신 예수님께서 베드로를 친히 찾아오셨다. 예수님은 베
드로가 부인한 횟수만큼 세 번, 베드로에게 물으셨다.

"요한의 아들 시몬아 네가 나를 사랑하느냐"(요 21:16)

베드로는 세 번 대답한다.

"주님 모든 것을 아시오매 내가 주님을 사랑하는 줄을 주님께서 아시나이다"(요 21:17)

그날 이후 베드로는 단 한 번도 주님을 부인하지 않았다. 붙잡혀 십자가에 거꾸로 매달려 죽기까지 주님과의 약속을 굳게 지켰다. 그리고 "너는 베드로라 내가 이 반석 위에 내 교회를 세우리니"라는 예수님의 약속대로 베드로의 순교 위에 교회가 세워졌다. (마 16:18)

우리는 사람의 약속과 하나님의 약속이 다르다는 사실에 주목해야한다. 일반적인 약속은 상대의 이행 여부에 따라 성립되지만 하나님과의 약속은 그렇지 않다. 하나님은 우리의 마음이 변할지라도 끝까지 약속을 지키신다. 우리의 이행 여부와는 상관없이 그분은 약속을 지키신다.

고난의 터널이 끝없이 이어지는 인생에서 꼭 필요한 것이 바로 하나님과의 약속이다. "하나님의 자녀로 살겠다"는 인생 약속을 붙잡을 때, 우리는 참

사라지지 않을 육신의 생각을 품고 사는 우리의 마음은 언제든 변할 수 있다. 중요한 것은 그럼에도 불구하고 우리와 약속하시고 그것을 신실하게 지키시는 하나님이 계시다는 사실이다.

안식을 누릴 수 있다. 인생의 고난 속에서도 하나님의 "내가 너와 함께 함이라"(사 41:10)는 변함없으신 신실한 약속을 붙들 때, 고난을 넘어선 평강이 찾아온다. 또한 "내가 너를 용서하고 받아주리라"는 하나님의 '노란 리본'이신 예수님의 십자가 사랑(요 3:16)으로 인해 변치 않는 희망을 안고 살아갈 수 있다.

4. 인생을 좌우하는 안목

　아비가일은 사무엘서에 나오는 중요한 여성 중 한 명이다. 한나가 지혜로운 어머니였다면 아비가일은 지혜로운 아내였다. 다윗이 블레셋 땅에서 나와 광야 생활을 할 때, 그의 곁에는 600명의 사람들이 따르고 있었다. 그들은 광야를 오가는 사람들을 돕거나 보호하면서 필요한 것들을 공급받았던 것 같다. 다윗은 사울 왕을 피해 광야생활을 하던 중 극적으로 아비가일을 만났다.

　당시 마온의 나발이라는 사람은 큰 부자로 그의 일꾼들이 다윗의 청년들로부터 도움을 받게 된다. 다윗은 나발의 집이 양 털을 깎는다는 소문을 듣고 청년 열 명을 보내어, "당신의 일꾼들이 지나거나 양을 칠 때 우리가 그들을 지켰으니 내 소년들이 네게 은혜를 얻게 하라"고 말한다. (삼상 25:7~8)

　일순 당황되더라도 나발이 일꾼들에게 물어보았다면 다윗의 말이 맞다는 사실을 알았을 것이다. 하지만 그는 알아보지도 않고 거절해 버린다. 이렇게 다윗을 모욕했다.

> "다윗은 누구며 이새의 아들은 누구냐 요즈음에 각기 주인에게서 억
> 지로 떠나는 종이 많도다"(삼상 25:10)

> 나발과 아비가일을 통해 하루 사이에 생사가 갈리는 것을 본다. 왜 똑같이 보고 들었는데도 이렇게 선택이 달랐던 걸까? 그 차이는 무엇을 보느냐에 따라 결정된다.

이를 전해들은 다윗은 모욕감에 400여 명의 사람들을 데리고 당장 마온으로 향한다. 이때 아비가일이 등장한다. 그녀는 나발의 아내였고 일꾼들로부터 다윗과 나발 사이의 일을 모두 들었다. 일꾼들은 그녀에게 "우리가 양을 지키는 동안에 그들이 우리와 함께 있어 밤낮 우리에게 담이 되었음이라"고 말했다. 그녀는 나발의 잘못이 크다는 것을 알았다. (삼상 25:15)

즉시 아비가일은 음식을 가득 싣고 가서 다윗 앞에 엎드렸다. 그녀는 조목조목 상황을 설명한다. 나발의 일은 하나님께서 처리하실 것이며 당신은 하나님의 사람이니 후에 무죄한 피를 흘렸다거나 친히 보복하였다는 말을 들을 이유가 없다고 다윗을 설득한다. (삼상 25:25~31) 다윗은 아비가일의 총명함을 알아보았다.

"네 지혜를 칭찬할지며 또 네게 복이 있을지로다 오늘 내가 피를 흘릴 것과 친히 복수하는 것을 네가 막았느니라"(삼상 25:33)

그리고 오던 길로 되돌아간다. 열흘 후 나발은 급사를 했고 다윗은 혼자된 아비가일을 아내로 맞이했다. 아비가일의 이야기를 볼 때마다 잠언의 이 말씀이 생각난다.

"지혜는 그 얻은 자에게 생명 나무라 지혜를 가진 자는 복되도다"

(잠 3:18)

같은 상황, 다른 선택

나발과 아비가일을 통해 하루 사이에 생사가 갈리는 모습을 본다. 왜 똑같이 보고 들었는데도 이렇게 선택이 달랐던 걸까? 그 차이는 무엇을 보느냐에 따라 결정된다. 나발은 쫓기는 도망자 신세였던 다윗만을 봤지만 아비가일은 도망자 다윗을 지키는 하나님을 보았다. 둘은 모두 사울 왕의 통치 아래에 있었다. 나발은 사울 왕이라는 잘못된 이정표를 기준으로 다윗을 판단했지만 아비가일은 달랐다. 그녀는 왕을 세우기도, 폐하기도 하시는 하나님을 믿었고 그 하나님을 기준으로 삼아 다윗을 판단했다. 나발과 아비가일의 판단 방법이 달랐다. 아니 다를 수밖에 없었다. 아비가일에게는 하나님의 역사를 보는 지혜의 생명나무가 있었던 것이다.

가수 지망생들은 데뷔를 하기 위해 수년 동안 여러 기획사를 다니며 오디션을 봐야 한다. 어린 나이부터 실력을 갈고 닦아 오디션에 도전하는 것이다. 기획사들은 공개 오디션을 통해 재목을 발견하기도, 놓치기도 한다. 이와 관련, 유명 기획사인 JYP가 가수 아이유를 오디션에서 탈락시킨 일화가 아주 유명하다. 국내 굴지의 기획사가 아이유라는 초특급 재목을 못 알아봤다는 사실이 이슈가 되었다. 아이유는 중소 기획사를 거쳐 현재는 중소기업 못지않게 매출을 올리는 대형 가수가 되었으니 JYP 입장에서는 큰 실수를 한 셈이다. JYP의 대표이자 가수인 박진영은 "아이유 오디션 담당자를 중징계하겠다"고도 했다.

우리는 어떻게 해야 지혜의 눈을 가질 수 있을까? 어떻게 하나님의 역사를 보는 안목을 키울 수 있을까? 아비가일은 찰나의 선택으로 자신과 자신의 식솔을 살렸고 다윗의 정체성도 일깨웠다. 다윗은 장차 이스라엘의 왕이 될 사람이었다. 만약 아비가일의 충언을 무시했다면 그녀의 말대로 다윗의 명성과 평판에 크나큰 흠이 됐을지도 모른다. 모욕감에 휩싸여 분노를 드러냈던 다윗은 그녀의 지혜로운 말에 마음을 진정시켰다. 나발의 행동은 어리석었지만 다윗이 무자비하게 그를 벌했다면 이스라엘 민족은 다윗을 두려워했을지도 몰랐다. 무엇보다 피의 보복은 하나님의 방법이 아니었다. 보복권은 인간이 아니라 하나님께만 있다. 그 사실을 아비가일이 다윗에게 다시금 알려준 것이다 그리고 보면 아비가일의 말을 들은 다윗도 하나님의 사람임에 분명했다.

하나님으로 기준을 삼는 안목

인생을 살면서 우리는 중요한 선택의 순간을 만나게 된다. 그 선택의 순간에는 올바른 기준을 찾는 것이 중요하다. 제대로 기준을 찾아야 제대로 선택을 할 수 있다. 하나님이야말로 변하지 않는 올바른 이정표이시다. 세상의 기준은 변하고 사라지고 무너진다. 하나님만이 변하지 않는다. 변할 이유가 전혀 없기 때문이다. 시류를 따르다보면 그에 맞게 삶의 기준은 계속 바뀌게 된다. 그러나 우리를 향한 하나님의 구원 계획은 세상을 창조하신 이후 변한 적이 없다. '하나님을 주로 인정하고 예수님을 따라 살면 영생하는 구원에 이른다'는 법칙은 이천 년 전 초대교회 때부터 지금까지 동일하다.

위조지폐를 판별하는 사람들이 훈련받는 방법을 들은 적이 있다. 위폐를 보는 것이 아니라 질릴 때까지 진짜 화폐만을 본다고 한다. 그렇게 끊임없이 진폐를 보다보면 저절로 위폐를 걸러낼 수 있게 된다는 것이다. 위조지폐를 만들기 위해 어떤 다양한 수법이 사용되는지를 연구하지 않고 진짜를 감별할 능력을 키우다보면 어느 경지에 이르러 진짜에 익숙해진 눈으로 가짜를 단번에 찾아내게 된다. 능숙한 위폐 감별사들은 지폐를 보는 순간 진짜인지 아닌지를 안다. 이는 아비가일이 순간적으로 판단을 내린 것과 같다. 우리가 진짜를 정확히 알고 있다면 고민할 필요가 없다. 만약 아비가일이 잠시라도 고민했더라면 그녀 역시 그날로 남편 나발과 같은 운명이 되었을지도 모른다. 한 사람의 안목은 자신은 물론 많은 생명을 구하는 선한 결과를 가져온다.

C.S.루이스는 '영광의 무게'(홍성사, 2008)란 책에서 "태양이 떠오

를 것을 믿듯 기독교를 믿습니다. 그것을 보기 때문이 아니라 그것에 의해서 다른 모든 것을 보기 때문"이라고 말했다. 우리는 하나님 나라의 법칙을 기준으로 삼아 모든 것을 보고 판단해야 한다. 세상이 볼 때는 어리석은 행동일지 모르나 하나님의 시선으로는 그렇지 않은 경우가 많다. 만일 하나님의 말씀이 세상의 이치와 상반될 때는 과감하게 하나님의 관점을 떠올리며 취해야 한다. 그것이 삶을 살리는 길이 될 것이다. 하나님은 사랑이시며 생명이시기 때문이다.

안목을 키우는 노하우, 겸손

그렇다면 어떻게 안목을 키울 수 있을까? 어떻게 해야 하나님의 기준으로 세상을 볼 수 있을까? 간단하다. 하나님을 믿고 한없이 겸손해지는 것이다. 우리가 하나님 앞에서 드러낼 것은 아무것도 없다. 'Nothing'이다. 아무 것도 없음을 드러내야 한다. "저는 아무것도 아닙니다. 제 힘으로는 아무것도 할 수 없습니다. 오직 주님의 도움이 필요합니다"라는 고백을 통해서만 하나님의 안목을 갖게 된다.

> "젊은 자들아 이와 같이 장로들에게 순종하고 다 서로 겸손으로 허리를 동이라 하나님은 교만한 자를 대적하시되 겸손한 자들에게는 은혜를 주시느니라"(벧전 5:5)

아비가일은 자신의 집을 치러 오는 다윗에게 달려가 엎드려 이렇게 말했다.

> "내 주여 원하건대 이 죄악을 나 곧 내게로 돌리시고 여종에게 주의 귀에 말하게 하시고 이 여종의 말을 들으소서"(삼상 25:24)

남편의 허물을 끌어안고 자신을 '종'이라고 낮추었다. 그리고 뛰어난 통찰력으로 다윗을 설득해 돌아서게 하였다. 아비가일의 낮은 자세와 상황 판단력은 식솔을 구하고 스스로 여왕이 되는 길을 열었다. 어떻게 이런 일이 가능했을까? 바로 그녀의 몸에 밴 겸손이다.

겸손은 교회 뿐 아니라 사회에서도 제일로 꼽는 덕목 중 하나이다. 특히 유교사상이 깊은 우리 나라에서는 어려서부터 매사에 겸손한 태도를 지니도록 교육받았다. 그래서 우리 나라 사람들은 속으로는 그렇지 않을지라도 겉으로는 고개를 숙인다. 기독교의 겸손은 그것과 결이 다르다. 크리스천의 겸손은 하나님 앞에서 우리 모두 'Nothing'임을 고백하는 데에서 출발한다. 시작점이 다른 것이다. 우리가 그렇게 고백할 수 있는 이유는 하나님은 천지를 창조하신 분이며 우리는 그가 만드

어떻게 해야 하나님의 기준으로 세상을 볼 수 있을까? 간단하다. 하나님을 믿고 한없이 겸손해지는 것이다. 우리가 하나님 앞에서 드러낼 것은 아무것도 없다. 'Nothing'이다. 아무 것도 없음을 드러내야 한다.

신 피조물이기 때문이다. 하나님 앞에서의 겸손은 '창조주를 인정하는 태도'다. 그것을 인정하고 그 관점으로 세상을 본다면 안목은 절로 길러질 것이다.

거룩함이 행복보다 우선

예수님은 "너희는 뱀 같이 지혜롭고 비둘기 같이 순결하라"고 말씀하셨다. (마 10:16) 여기서 말하는 지혜가 바로 안목이다. 하나님을 아는 것, 그 기준으로 세상을 보고 판단하는 것이 바로 인생을 바꾸는 안목이다. 예수를 믿는다고, 교회를 다닌다고, 무조건 부자가 되고 명예를 얻으며 하는 일마다 술술 풀리게 된다고 말할 수는 없다. 물론 그럴 수도 있겠지만 그것이 우리의 목표가 되어선 안 된다. 아비가일처럼 우리는 행복이 아닌 하나님의 기준인 '거룩'에 더 우선적으로 인생의 초점을 맞춰야 한다. '거룩'이 우선될 때, 상황을 넘어서는 '행복'이 따라오기 때문이다. 그렇게 될 때, 삶의 현장에서 '하나님의 자녀'라는 자신의 정체성을 찾을 수 있게 된다. 그런 사람만이 다가오는 인생의 고난을 넘어설 수 있다. 거룩한 사람에게 고난은 인생의 보석이 된다.

5. 인생, 영원함을 향한 걸음

미국의 명문 휘튼대학을 수석으로 졸업한 제임스 엘리엇은 스물아홉에 선교사로 헌신, 네 명의 친구와 함께 에콰도르 원주민들을 향해 떠났다. 에콰도르로 향하기 전 수년의 준비기간을 거쳤으나 다섯 명의 젊은이는 도착하자마자 원주민에게 살해당하고 말았다. 그들의 노력은 아무것도 남기지 못한 채 사라지는 듯 보였다. 2년 후 에콰도르 원주민을 선교하기 위해 또 다른 사람들이 현지를 찾았다. 이번에는 여자와 아이도 있었다. 그들은 최선을 다했고 차츰 에콰도르 원주민들에게 복음이 퍼져 나갔다. 그들은 2년 전 살해당했던 다섯 젊은이들의 가족들이었다.

짐 엘리엇의 이야기를 담은 '전능자의 그늘'(복있는사람, 2008)에 따르면 그가 떠나기 전, 아들이 물었다. "만약 그들이 아빠를 해치려고 하면 총을 사용하실 건가요?" 그는 고민하다 대답했다. "그럴 수 없어. 그들은 천국에 갈 준비가 안 됐기 때문이야. 아빠는 천국에 갈 준비가 되었단다." 그는 실제로 총이 있었으나 사용하지 않았다고 한다.

그는 "영원한 것을 얻기 위해 영원하지 않은 것을 버리는 사람은 결코 바보가 아니다"라는 유명한 말을 남겼고 많은 기독교인들에게 믿음의 이정표가 되었다. 그가 말한 '영원한 것'은 복음과 하나님이 준비해 두신 천국이다. 반면 '영원하지 않은 것'에는 부와 명예 등 사회적인 성공에 꼭 필요한 요소들이 포함된다. 만약 우리가 영원한 것을 얻었다면 그 외의 가치에 휘둘릴 아무런 이유가 없다.

다윗의 인생 초점

다윗이 도피 생활을 하던 어느 날이었다. 엔게디 광야에 다윗이 있다는 제보를 듣고 사울 왕이 직접 삼천 명의 군사를 이끌고 왔다. 사울 왕은 엔게디 지역을 샅샅이 뒤지고 있었다. 그러다 절벽 지역의 들염소 바위에 다다른 사울 왕은 잠시 볼일을 보러 작은 동굴로 들어갔다. 그곳은 다름 아닌 다윗이 숨어든 동굴이었다. 다윗은 자신의 일행과 동굴 깊숙이에서 사울 왕이 가까이 다가오는 것을 숨죽여 보았다. 다윗의 측근이 말한다.

> "보소서 여호와께서 당신에게 이르시기를 내가 원수를 네 손에 넘기리니 네 생각에 좋은 대로 그에게 행하라 하시더니 이것이 그 날이니이다"(삼상 24:4)

다윗은 잠시 번민했을 것이다. 지금 사울 왕을 죽인다면 불안한 광야의 도피생활이 끝난다. 그는 사무엘의 예언대로 왕이 될 것이고 이스라엘을 위해 하나님께 쓰임 받게 될 것이다. 하필 사울 왕이 그가 숨은 동굴로 들어온 이유가 무엇이 겠는가. "이것이 하나님의 뜻이 아니면 무엇이겠냐"는 측근의 말은 일리가 있다. 하지만 다윗은 사울 왕이 벗어둔 겉옷 자락만 살짝 베고는 동굴에서 벗어났다. 다윗은 "내가 손을 들어 여호와의 기름 부음을 받은 내 주를 치는 것은 여호와께서 금하시는 것이니 그는 여호와의 기름 부음을 받은 자가 됨이니라"며 사울 왕을 해하지 말라고 당부한다. (삼상 24:6)

> 다윗은 왕의 자리보다 하나님께 초점을 맞췄다. 선택된 자로서 하나님에게 불순종하는 잘못을 저질렀던 사울 왕의 전철을 밟지 않았다. 결국 다윗은 왕이 되었을 뿐만 아니라 그의 후손에서 메시아 예수님이 태어나셨다.

만약 다윗이 그때 사울 왕을 죽이고 왕이 되었다면 그 역시 '왕'의 자리에 집착하던 사울 왕의 아류에 불과했을 것이다. 그도 사울 왕처럼 하나님만을 바라보지 못했기 때문이다. 그러나 다윗은 왕의 자리보다 하나님께 초점을 맞췄다. 선택된 자로서 하나님에게 불순종하는 잘못을 저질렀던 사울 왕의 전철을 밟지 않았다. 결국 다윗은 왕이 되었을 뿐만 아니라 그의 후손에서 메시아 예수님이 태어나셨다. 하나님만을 바라볼 때, 그분은 생각지도 못한 결말로 우리를 인도하신다. 하지만 하나님과 다른 가치(우상)를 더불어 섬길 때, 우리에게 남는 것은 사망밖에 없다.

하나님의 주목하심

게리 리언 리지웨이는 미국의 3대 연쇄살인마 중 한 명으로 1982년부터 1988년까지 49명의 매춘부와 가출 소녀들을 살해한 것으로 알려졌다. 범죄 전문가들은 그에게 희생된 사람들의 수가 최소 90명에 이를 것이라고 추측한다. 그는 여성들과 성관계를 맺은 후 죽여서 시신을 그린 강변에 유기했기 때문에 '그린 강의 살인자'라는 별명을 얻었다. 그는 자칭 독실한 크리스천이었다. 재판에서 "희생자들이 하나님의 뜻대로 살지 않아 범행을 저질렀다"는 발언을 해서 공분을 샀다. 같은 기독교인으로서 정말 끔찍한 일이 아닐 수 없다.

2003년 킹카운티 법원에서 열린 그의 재판에는 희생자들의 가족들이 참석했다. 가족들은 그에게 분노를 터뜨렸고 사과를 요구했으나 그는 고개를 뻣뻣이 들고 표정 하나 바뀌지 않았다. 냉혈한의 모습 그대로였다. 그때 희생된 여성의 아버지였던 로버트 룰이 발언기회를 얻어 그에게 말했다. "나는 당신을 용서한다. 그게 내가 신에게서 배운 것이요." 희대의 살인마는 그제야 고개를 숙여 눈물을 쏟았다. 반성의 기미도 전혀 보이지 않았고 추가 범행을 자백하는 조건으로 사형을 면제 받으려 했던 살인마가 '용서'라는 단어에 반응한 것이다.

인생에는 분명 정당한 분노가 존재한다. 받은 대로 돌려주는 것은 정당해 보인다. 나와 가족을 해치는 상대를 미워하고 저주하는 것은 어쩌면 당연한 일이다. 하지만 하나님의 원칙에는 예외가 없다. 하나님은 사랑 받을 이유가 있는 사람에게만 사랑을 베풀라고 말씀하신 적이 없다. 사울 왕에게 칼을 대지 않았던 다윗처럼, 죽음 앞에서도 상대방을 향해 총을 쏘지 않았던 짐 엘리엇처럼, 남편을 죽인 사람들을 사랑했던 엘리엇의 가족처럼, 딸을 죽인 살인마를 용서했던 한 아버지처럼 우리 모두는 철저히 '하나님의 사람'으로 살아야 한다. 하나님의 사람의 용서는 일견 어리석어 보이지만 결국 살인자의 고개를 숙이게 만드는 힘이 있다. 법도, 온 국민의 비난도 하지 못했던 일이 용서를 통해 일어난 것이다.

안타깝지만 크리스천들 가운데 믿지 않는 가족 혹은 지인들과 반목하는 사례가 많다. 크리스천임에도 회식자리에서는 술을 마시는 동료 때문에 기분이 상했다는 이야기를 들은 적이 있다. 술과 도박에 빠진 것에 더해 교회까지 비난하는 아버지를 용서하지 못한다는 신자도 있었다. 신앙이 없는 남편을 미워하는 집사, 교회와 집에서의 모습이 전혀 다른 시어머니 때문에 시험에 든 자매, 정직하지 못한 장로님 때문에 교회를 등진 신자의 경우 등 무늬만 크리스천인 사람들 때문에 발생하는 갖가지 사연들이 있다. 목회자도 마찬가지다. 뉴스를 떠들썩하게 만드는 목사의 부도덕한 행실을 통해 몸은 교회에 있지만 마음은 세상에 뿌리를 내린 인간의 연약함을 실감하게 한다. 그러나 희대의 살인마나 삶과 신앙이 분리된 무늬만 크리스천들, 부도덕 한 일부 목회자만 죄인인 것이 아니다. 우리가 반드시 기억해야 할 것은 자신을 포함해 누구든지 하나님 앞에서는 죄인이라는 사실이다.

"모든 사람이 죄를 범하였으매 하나님의 영광에 이르지 못하더니"

(롬 3:23)

하나님은 다른 무엇보다 우리에게 주목하신다. 우리가 무슨 일을 이루었는지 보다 어떤 사람인지를 주목하여 보신다. 하나님의 역사에 동참하려는 의지보다 중요한 것은 하나님의 사람이 되는 일이다. 그리고 우리 스스로는 아무것도 할 수 없다는 사실, 오직 예수 그리스도를 통해서만 하나님의 영광(천국)에 이른다는 것을 깨달아야 한다. 죄의 무게와 무관하게 우리 모두는 죄인이기 때문이다. 그것을 깨닫는다면 우리는 누구도 비난하거나 판단할 수 없다. 만약 누군가를 향해 손가락을 든다면 그것은 '내가 더 낫다'는 생각, 즉 교만을 드러내는 것이다. 교만이야말로 하나님이 가장 미워하시는 죄다!

천국을 준비하는 인생

사울 왕은 암몬과 블레셋과의 전쟁에서 이스라엘을 지켜냈다. 당시 이스라엘 민족의 입장에서 사울 왕은 그리 나쁜 왕은 아니었다. 왜냐하면 자기들의 요구를 들어주는 왕이었기 때문이었다. (삼상 15:15) 그런데도 하나님은 사울 왕을 버리고 다윗을 다음 왕으로 선택하셨다. 하나님보다 백성들의 눈치를 보는 불순종, 교만, 왕의 자리(우상)에 대한 집착이 결국 사울 왕을 하나님으로부터 버림받게 만들었다.

정반대로 다윗은 왕의 자리보다 하나님에게 집중했고 겸손했으며, 끝까지 순종했다. '집중-겸손-순종'이란 선순환의 힘을 깨달았기 때문에 다윗은 사울 왕을 향한 칼을 거둘 수 있었다. 그것은 다윗의 힘이 아닌 하나님의 도우심 덕분이었다. 다윗이 스스로 자신은 아무것도 아님을 고백했기 때문에 하나님이 도우셨던 것이다.

짐 엘리엇은 선교지로 떠나기 전에 아들에게 "천국에 갈 준비가 되었다"고 말했다. 놀라운 고백이다. 마치 일을 하기도 전에 임금을 받은 것과 같다. 어떻게 그것이 가능할까? 간단하다. 우리의 행위로 천국 문이 열리지 않기 때문이다. 성경은 이렇게 말한다.

"내가 또 다윗의 집의 열쇠를 그의 어깨에 두리니 그가 열면 닫을 자가 없겠고 닫으면 열 자가 없으리라"(사 22:22)

성경은 예수님이 구원자이심을 믿을 때 천국이 열린다고 여러 차례 말하고 있다.

우리는 모두 죄인이다. 마음에 육신의 생각만 가득하다. 육신의 생각을 좇아 죄에 묻힌 인생을 살아가고 있다. 누구도 하나님 앞에서는 깨끗하지 않다. 그래서 아무도 천국 문을 열 수 없다. 우리는 오직 예수 그

> 하나님은 다른 무엇보다 우리에게 주목하신다. 우리가 무슨 일을 이루었는지 보다 어떤 사람인지를 주목하여 보신다. 하나님의 역사에 동참하려는 의지보다 중요한 것은 하나님의 사람이 되는 일이다.

> 천국을 준비하는 일은 단순하다. 힘들여 스펙을 쌓거나 어마어마한 돈을 모을 필요가 없다. 그저 하나님의 사랑, 예수님의 구원을 믿기만 하면 된다. 그 믿음조차 우리 스스로의 힘으로 얻는 것이 아니다.

리스도를 의지함으로 천국을 준비할 수 있다. 어떤 일을 행하더라도 그것이 우리의 공로가 아닌 하나님의 은혜임을 깨달아 언제나 겸손히 순종해야 한다.

짐 엘리엇과 네 청년은 에콰도르의 원주민에게 죽임을 당했고 예수님은 2천 년 전 예루살렘에서 십자가에 달려 돌아가셨다. 청년들이 총을 사용하지 않은 것처럼 예수님은 죽는 순간까지 "아버지 저들을 사하여 주옵소서 자기들이 하는 것을 알지 못함이니이다"라고 사람들을 위해 기도하셨다. (눅 23:34) 그럼으로써 아무것도 아닌 존재인 우리 모두가 천국에 들어갈 길을 만드셨다.

천국을 준비하는 일은 단순하다. 힘들여 스펙을 쌓거나 어마어마한 돈을 모을 필요가 없다. 그저 하나님의 사랑, 예수님의 구원을 믿기만 하면 된다. 그 믿음조차 우리 스스로의 힘으로 얻는 것이 아니다. 득도함으로써 얻을 수 있는 게 아니라는 것이다.

"너희는 그 은혜에 의하여 믿음으로 말미암아 구원을 받았으니 이것은 너희에게서 난 것이 아니요 하나님의 선물이라"(엡 2:8)

그렇다. 모든 것은 하나님의 선물이다. 선물은 값없이 얻는 것이다. 구원이라는 엄청난 선물을 아무런 대가 없이 얻은 우리가 해야 할 것은 하나님께 겸손하게 순종하는 일 외에는 없다. 언제나 하나님의 말씀에 순종하고 예수님 가신 그 길을 걸어가야 한다. 주 예수 그리스도와 동행하며 영원한 천국을 바라보고 걸어갈 때에만 일상에서 용서와 화해, 사랑의 삶을 살 수 있다. 자신이 무익한 존재임을 인정하며 겸손하게 하나님만 바라고 예수님과 동행하는 것이야말로 천국을 준비하는 지혜로운 자가 취할 자세다.

인생의 아픔은 사라질 수도, 그대로 존재할 수도 있다. 하지만 아픔의 유무와 무관하게 우리는 성장하고 행복할 수 있다. 하나님 안에서 가능하다. 육신의 생각, 감정, 당연해 보이는 욕심을 모두 내려놓고 오로지 하나님께 집중하라. 기도로 구하고 결정하고, 그대로 행하라. 반드시 성장할 것이다.

IV

인생,

돌아서지

말고

1. 인생길에 놓인 한계

　암 환자 병동은 어느 병원을 막론하고 조용하고 무거운 공기로 가득하다. 그곳의 환자들은 낫기 위해서가 아니라 생존을 위해 치료받는 경우가 더 많다. 치유에 대한 확신이 없으니 분위기가 심각하지 않을 수 없다. 2016년 국가암정보센터의 통계를 보면 우리나라 남성이 기대수명(79세)까지 생존할 경우 암에 걸릴 확률은 38.3%라고 한다. 여성은 기대수명(85세)까지 생존할 경우 33.3%가 암에 걸린다고 한다. 상당히 높은 수치다. 남성은 5명 중 2명이, 여성은 3명 중 1명이 암에 걸리는 것이다.

　치료과정도 너무나 고통스럽다. 의술이 발전됐다고 해도 암과의 전쟁은 여전히 힘들고 고된 싸움이다. 매 순간 고통 속에 있는 환자들을 보면 '차라리 죽음이 덜 고통스럽겠다'는 생각이 들기도 한다. 하지만 암 환자 대부분은 고통 속에서도 삶을 선택한다. "단 하루라도 더 살고 싶다"고 말한다. 아픔을 감수하면서도 살고 싶은 이유는 거창하지 않다. 사랑하는 누군가를 위해 그저 살아있기를 원한다. 취직한 손자가 회사에 다니는 모습을 보고 싶어서, 딸이 새 집에서 사는 모습을 보고 싶어서, 혹은 몸이 아픈 남편 때문에…. 모두 고통을 감수하면서까지 삶을 원한다. 암이라는 큰 병과 비교할 수 없지만 인생에는 이런저런 고난이 있다.

인생길에 놓인 한계 - 침묵

성경에 나오는 '골리앗'은 기원전 1100년쯤에 살았던 블레셋의 거인으로 키가 2.95미터에 달했다고 전해진다. 골리앗만큼 '크고 강하다'는 상징으로 널리 쓰이는 인물은 흔하지 않다. 그는 거인, 장애물, 성벽, 이길 수 없는 상대 등을 지칭할 때 자주 거론된다. 사실 골리앗은 패배한 장수다. 어찌 보면 골리앗은 졌기 때문에 유명해졌다고 할 수 있다.

사무엘이 어린 다윗에게 기름을 붓고 돌아간 후, 사울 왕의 이스라엘과 블레셋 사이에 전쟁이 일어났다. 다윗의 형들은 모두 전쟁터로 나갔다. 다윗은 양을 돌보며 부모님과 함께 집을 지켰다. 아직 어렸기 때문이다. 어느 날 이새가 다윗을 불러 전쟁터에 나간 형들에게 양식을 전해주고 오라고 명했다. 당시에는 전쟁터의 병사들을 나라에서 전적으로 먹여주지 않았다. 다만 이겼을 경우 그들에게 전리품이 주어졌다.

골리앗은 그 전쟁에서 등장한다. 엄청난 장신에다가 갑옷 무게만 57kg, 손에든 놋 단창의 무게가 7kg이었다고 하니 그의 위용이 얼마나 대단했는지 짐작할 수 있다. 이스라엘과 블레셋 군대가 대치하고 있는 상황에서 골리앗은 40일 동안 조석으로 이스라엘 군을 조롱한다.

"너희가 어찌하여 전열을 벌였느냐 나는 블레셋 사람이 아니며 너희

는 사울의 신복이 아니냐 너희는 한 사람을 택하여 내게로 내려 보내라"(삼상 17:8)

이스라엘 진영에는 골리앗과 맞설 사람이 없었다. 사울 왕이 골리앗과 싸워 이기는 사람은 사위로 삼고, 재물을 주며, 그 아비의 세금을 면제하겠다고 했는데도 나서는 사람이 없었다. 그런데 형들을 찾아온 다윗이 골리앗을 보고는 당장 소리친다.

"이 할례 받지 않은 블레셋 사람이 누구이기에 살아 계시는 하나님의 군대를 모욕하겠느냐"(삼상 17:26)

어린 다윗은 사울 왕 앞에 불려가서도 기세가 꺾이지 않았다.

"주의 종이 가서 저 블레셋 사람과 싸우리이다"(삼상 17:32)

사울 왕은 다윗에게 갑옷을 입혀주려 했으나 여의치 않았다. 다윗이 너무 작아 갑옷에 파묻혔기 때문이다. 그런데도 다윗을 내보낸 것에는 이스라엘의 어린 소년이 골리앗의 손에 무참히 죽으면 이스라엘 군인들의 분노가 치솟아 블레셋에 맞설 수 있을 것이라는 일종의 손해 볼 것 없는 정치적 계산도 깔려있지 않았나 싶다.

자신에게 맞선 어린 소년을 정말 가소롭게 여겼던 골리앗은 다윗이 던진 물맷돌에 이마를 맞고 쓰러졌다. 다윗과 골리앗의 대결은 역사상 가장 유명한 싸움 중 하나다. 거인 골리앗과 칼도 없던 어린 다윗의 대결은 흥미진진했지만 가장 시시하게 끝난 싸움이었다.

다윗은 얼마든지 골리앗과의 싸움을 외면할 수 있었다. 사울 왕과 이스라엘 군대가 모두 40일 동안 골리앗과 그의 조롱 섞인 외침을 보고도 못 본 척, 들어도 못 들은 척하며 침묵으로 일관했다. 두려웠기 때문이다. 그러나 그렇게 침묵한다고 골리앗이 사라지는 것은 아니었다. 그때 다윗만이 침묵을 깨고 이스라엘의 대적불가 존재인 골리앗에 반응한 것이다. 어떻게 그런 일이 가능했을까? 오직 다윗만이 만군의 하나님을 의지했기 때문이다.

한계를 뛰어넘는 다윗의 방식

한계에 직면했다는 것을 알면서도 침묵하며 가만히 머물러야할 때 인생은 처참해진다. 물론 침묵이 필요할 때도 있지만 문제를 해결하지 않고 그대로 둔다면 그 문제는 결국 우리의 인생을 옥죄게 된다. 점점 문제에 대응하고 반응할 힘이 사라지게 된다. 그러다 보면 패배에 익숙해진다. 그 후의 인생은 늪에 빠진 것처럼 가라앉게 된다.

우리 모두는 이렇게 말하고 싶을 것이다. "누구는 몰라서 가만히 있는 줄 알아?" 다 알지만 두렵고 자신이 없다면서 말이다. 솔직히 우리에겐 골리앗을 넘어설 힘이 없다. 전쟁에서 비슷한 적수와는 싸울 수 있지만 승산이 없는 싸움에서 용기를 낼 사람은 별로 없다. 우리 모두 대적불가의 거인과 맞서 싸우게 될 순간이 온다. 그 순간에 대부분 회피하고 침묵한다. 모두가 마찬가지다. 이것은 인간의 굴레와도 같다. 그러나 다윗은 의심의 눈초리로 자신을 바라보는 사울 왕에게 이렇게 소리쳤다.

"여호와께서 나를 사자의 발톱과 곰의 발톱에서 건져내셨은즉 나를 이 블레셋 사람의 손에서도 건져내시리이다"(삼상 17:37)

다윗에겐 한계를 뛰어넘는 자신만의 방식이 있었다. 한계를 직시하되, 자신이 아닌 하나님을 의지하는 것이 그의 방식이었다. 그리고 그 방식으로 골리앗을 무너뜨렸다. 우리는 이 사건만으로도 하나님의 선택 기준이 옳았다는 것을 충분히 알 수 있다. 만약 다윗이 다른 사람들처럼 갑옷을 입고 칼로 골리앗에 대적했다면 죽음을 면치 못했을 것이다. 왕도 되지 못했을 것이다. 그러나 다윗은 모두가 들고 있는 칼을 거부하고 자신이 일상적으로 쓰던 물맷돌을 사용했다. 그것은 하나님이 주신 다윗만의 창의적 방법이었다. 다윗이 골리앗의 머리를 벨 때에도 자신의 칼이 아니라 골리앗의 칼을 사용했다. 그는 다른 사람의 방식을 따르지 않았다. 믿고 의지하며 목표하는 바가 달랐기 때문이다. 모두가 어떻게 하면 골리앗을 이길 수 있을까에 대한 생각만 할 때 다윗은 '하나님의 이름을 욕되게 할 수 없다'는 전혀 다른 차원의 생각만 했다. 그것이 다윗의 '이기는 습관'이 되었다.

골리앗의 머리를 벤 것

많은 사람들에게 2016년 브라질 리우 올림픽 육상 여자 5000m 예선은 특별한 경기로 기억되고 있다. 치열한 육상 경기 도중 미국의 애비 디아고스티노 선수와 뉴질랜드의 니키 햄블린 선수가 뒤엉켜 넘어졌는데, 먼저 일어선 선수가 바로 달려 나가는 대신 아직도 일어나지 못한 선수에게 다가가 손을 내민 것이다. 두 선수는 함께 결승선을 통과했지만 나란히 예선에 탈락했다. 하지만 두 선수는 관중들의 박수갈채를 받았다. 국제올림픽위원회(IOC)는 공식 홈페이지를 통해 '올림픽에서 승리나 메달, 기록 경신보다 더욱 중요한 것은 스포츠맨십'이라며 두 선수에게 쿠베르탱 메달을 수여했다. 결과만 바라보고 승패에 집착한다면 넘어진 경쟁 선수에게 다가가 손을 내밀 수 없다. 그러나 손 내민 그 선수는 경쟁이 아닌 '뛰는 궁극적인 목적'을 생각했기에 다른 방식으로 한계를 넘어 진정한 승리를 거둘 수 있었다.

다윗도 그저 골리앗에게 이기는 것보다 '왜 싸우는지'를 생각했다. 다윗은 '하나님의 군대'의 일원으로 골리앗 앞에 섰다는 확신이 있었다. 하나님의 군대는 하나님의 힘으로 싸운다. 자신의 힘을 내려놓을 때 하나님이 도우신다.

하나님이 도우실 때 세상에서 통용되는 방식은 아무런 소용이 없다. 전쟁에서 군인들이 반드시 지니는 칼은 굳이 필요하지 않게 된다. 정 필요하다면 '골리앗의 칼'을 사용하면 된다. 이것이 시사하는 바는 우리에겐 무기라는 싸움의 도구가 필요한 것이 아니라는 점이다. 우리에게 필요한 것은 하나님의 방식대로 나가는 것이다. 하나님 방식으로 생각하기만 하면 된다. 참 쉬운 일이다. 그러나 이 쉬운 일이 가장 어려운 일이기도 하다.

"여호와여 주께서 우리를 위하여 평강을 베푸시오리니 주께서 우리
의 모든 일도 우리를 위하여 이루심이니이다"(사 26:12)

인생에는 골리앗처럼 한계 상황이 존재한다. 한계 상황은 우리의 생각, 능력으로 다다를 수 있는 범위가 아니기에 인생을 어렵게 만든다. 한계를 뛰어넘으려고 하며 실제로 뛰어넘는 사람도 있다. 문제는 인생의 한계가 한 번 찾아오고 마는 것이 아니라는 사실이다. 한계는 우리 인생을 끊임없이 시험하고 흔든다. 한계(골리앗)는 우리가 갖고 태어난 조건(신장), 살면서 쌓은 능력(칼과 방패) 등에 집착하게 만들곤 한다. '좀 더 컸다면', '좀 더 좋은 칼과 방패가 있다면'이라면서 인생의 적과 자신을 비교하며 좌절하게 한다. 그러나 다윗을 보자. 다윗은 어느 조건도 만족시키지 못했지만 대적불가의 존재인 골리앗을

쓰러뜨렸다. 그래서 "여호와의 구원하심이 칼과 창에 있지 아니함을 이 무리에게 알게 하리라"(삼상 17:47)는 다윗의 선언은 한계에 직면한 사람들에게 너무나 중요한 깨달음을 준다.

한계를 뛰어넘는 힘, 내려놓음

한계와 관련한 이야기를 풀어나가며 우울한 암에 대한 얘기로 시작했다. 죽음을 앞둔 사람들이 원하는 것이 너무나 소소한 것이어서 마음이 더 아프다. 건강한 우리들의 삶의 목표는 죽음을 앞둔 사람들과는 다르다. 그런데 다른 게 당연할까? 암에 걸리지 않았으니 우리에게 죽음은 먼 훗날의 일인 것일까? 아니다. 우리 모두는 누구도 예외 없이 죽음을 향해 가고 있다. 생명이 다하기 전에도 수많은 한계에 부딪히며 '작은 죽음'을 맛본다. 어떻게 보면 건강한 우리와 죽음을 앞에 둔 말기 암 환자들과 크게 다르지 않다.

한계의 지점은 우리가 넘어진 바로 그 자리이다. 결승선까지 가는 것만이 한계가 아니다. 넘어진 순간이 우리의 한계다. 어떤 수를 써도 결승선에 가장 먼저 도달해 우승할 수 있는 방법이 없을 때가 한계이며 삶의 고비다. 어떻게 해야 할까? 답은 간단하다. 다시 일어서서 계속 걸어가면 된다. 우리 힘으론 할 수 없지만 하나님은 하실 수 있다. 하나님에게는 한계를 넘어서게 하는 힘이 있다. 중요한 사실은 우리가 하나님을 목표로 해서 지금의 한계를 넘어서고자 할 때에만 그 힘을 덧입을 수 있다는 점이다. 엄밀히 말해 승리를 거두거나 경쟁에서 우위를 점하기 위해, 자신의 욕망과 욕심을 채우기 위해 넘어야 하는 벽은 한계가 아니다. 그 인간적 목표를 향해 가다 넘어졌을 때가 진정한 한계다. 그 한계의 순간이야말로 하나님의 도움을 구할 수 있는 기회의 순간이다.

하나님은 우리에게 "칼과 방패를 버리라"고 요구하실 수도 있다. 그분은 한계를 넘어서기 위해 우리가 갈고 닦은 모든 것을 버리라고 하실 수 있다. 아니, 분명 하나님이 원하시는 것은 우리가 칼과 방패를 버리는 것일 게다. 우리의 힘을 내려놓고, 하나님 자신의 능력을 덧입기를 원하실 것이다.

성경에는 저녁에 예수님을 찾아온 부자 청년의 이야기가 있다. 예수님은 그 청년을 사랑하셔서 이렇게 요청하셨다.

"네게 있는 것을 다 팔아 가난한 자들에게 주라 그리하면 하늘에서 보화가 네게 있으리라 그리고 와서 나를 따르라"(막 10:21)

하지만 그 부자청년은 예수님의 요청에 응답하지 못했다. 자신의 많은 재물이 한계가 되어 새 출발을 하지 못한 것이다. 결국 그는 자신의 칼과 방패라고 할 수 있는 재물에 걸려 가장 중요한 구원에 이르지 못했다. 우리는 칼과 방패가 아니라 하나님의 말씀에 순종해야 한다. 대 중보자이신 예수님이 하늘에서 우리를 위해 기도하시며 도우실 것이다.

2. 부적을 찾는 인생

얼마 전 '알라딘'이 영화로 개봉되어 전 세계적으로 큰 흥행을 거뒀다. 본래 월트 디즈니사가 1992년에 애니메이션 영화로 만들었고 이번에 재개봉된 것이다. 알라딘은 누구나 알고 있는 매력적인 소재의 이야기다. 세상에서 가장 강력한 마법사 지니가 작은 램프에 들어있는데 누구든지 램프를 문지르면 밖으로 나와 무엇이든 세 가지 소원을 들어준다는 줄거리다. 알라딘을 읽거나 본 사람은 누구나 한 번쯤 '아, 내게도 램프가 있다면'이라고 생각해 보았을 것이다. 우리도 하나님을 '지니'처럼 여길 때가 있다. 소원을 말하고 들어주시지 않으면 서운해 하고 화를 낸다. "하나님이 어떻게 내게 이러실 수 있나. 왜 돕지 않으실까!"

그러나 만왕의 왕이신 하나님은 얼마든지 그러실 수 있다. 하나님은 지니처럼 우리가 원하는 것을 들어주시기 위해 존재하는 분이 아니다. 그분은 스스로 계시는 창조주이심을 잊으면 안 된다. 그런데도 하나님은 우리와 사랑의 관계를 만들어가길 원하신다. 사랑의 관계 안에서 하나님은 우리에게 필요한 것을 공급해주신다. 그분의 창고에는 모든 보화가 들어 있다. 우리는 그 창고의 보화를 갖다 쓰기만 하면 된다. 그렇게 하기 위해서는 전제가 필요하다. 바로 하나님의 은혜의 세계 속으로 들어가야 한다. 그것이 믿음이다. 믿음을 갖는다는 것은 어떤 경우에도, 극심한 한계 상황에서도 그 공급하심이 멈추지 않을 것임을 믿는 것이다. 그 믿음이 있다면 변화하는 상황과 상관없이 평안을 누릴 수 있다. 한계에 부딪쳐도 기뻐하며 넘어갈 수 있다. 한계를 성숙의 기회로 삼을 수 있다. 하나님은 우리 인생에 한계를 허락하시기도 한다. 그것은 우리가 그 한계를 통해 믿음의 사람으로 성장할 수 있기 때문이다. 하나님에 대한 믿음을 굳건히 할 때 우리는 어떤 경우에도 하나님의 선하심을 맛보아 알게 된다. 그리고 벼랑 끝에서 웃게 하시는 그분께 영광을 돌리게 된다.

하나님에 대한 오해

엘리 제사장이 아직 살았을 때 이스라엘은 에벤에셀에서 블레셋과 전쟁을 치렀으나 대패해 군사 4천 명 가량이 죽임을 당했다. 그들에게는 위기를 타개할 능력이 없었다. 사면초가의 상황에서 장로들은 법궤를 실로에서 전쟁터로 옮겨 "그것으로 우리를 우리 원수들의 손에서 구원하게 하자"는 의견을 내놓았다. (삼상 4:3) 이스라엘 민족은 법궤 자체에 능력이 있다고 믿었기 때문이다. 어린 시절부터 법궤를 멘 제사장들이 요단강을 밟을 때 물이 갈라졌고(수 3:13), 법궤를 메고 돌자 여리고성이 무너졌다는 얘기(수 6:1~20)를 듣고 자랐기 때문이다. 어느 순간부터 이스라엘 민족에게 법궤는 우상이 되었던 것이다.

그들은 요단강이 갈라지고 여리고성이 무너진 것처럼 블레셋과의 싸움에서도 법궤가 가공할 만한 위력을 보여주길 기대했을 것이다. 그러나 법궤가 실로에서 이스라엘 진영으로 들어왔어도 블레셋의 사기는 꺾이지 않았고 오히려 이스라엘 보병 3만 명이 몰살되는 참패를 당하고 말았다. 게다가 법궤마저 빼앗겼으며 엘리 제사장의 두 아들이자 제사장인 홉니와 비느하스도 죽임을 당했다.(삼상 4:10~11) 그 소식을 들은 엘리 제사장은 '나이가 많고 비대한 까닭'으로 의자에서 넘어지며 목이 부러져 죽게 된다.(삼상 4:18)

블레셋 손에 들어간 법궤는 에벤에셀에서 아스돗으로, 그리고 가드와 에그론을 거쳐 벧세메스로 일곱 달을 떠돈다. 법궤가 머무는 곳마다 독한 종기가 돌고 사람들이 죽어나갔다. 사람들은 법궤를 너무나 두려워해 자신들이 살던 곳에서 떠나기를 원했기에 여러 곳을 떠돌게 된 것이다. 역사의 순간마다 이스라엘 민족을 구원했던 법궤가 블레셋 사람들에게는 저주가 된 것이다. 결국 블레셋은 스스로 법궤를 이스라엘에 돌려주었다. 법궤는 기럇여아림에서 20년 간 머물게 된다.(삼상 5:2~7:2)

법궤는 중요한 상징물이다. 그러나 하나님의 영광은 물건처럼 특정한 곳에 담겨 있는 것은 아니다. 법궤는 백성들로 하여금 하나님의 임재를 기억하게 하는 상징이었다. 그 누구도 인위적으로 하나님이 임재하시게 할 수 없다. 법궤를 옮긴다고 하나님의 임재가 옮겨지는 것이 아니다. 법궤의 위치조차도 하나님의 선택 아래 있음을 알아야 한다. 사람들이 법궤를 통해 하나님과의 언약을 기억하고 순종할 때 하나님이 함께해 주시는 것이지, 그저 법궤를 곁에 둔다고 하나님의 능력을 경험할 수 있는 것은 결코 아니다.

과거 공포영화 '드라큘라'에서는 십자가가 신비한 능력을 가진 성물로 등장하곤 했다. 영화에서 뾰족한 송곳니를 내밀고 사람들의 피를 빨아먹으려던 드라큘라가 십자가 앞에서 벌벌 떠는 모습을 보며 십자가의 능력을 볼 수 있었다. 내가 어렸을 때, 영화에서 악당들이 교회로 들어오지 못하고 물러가는 장면을 보았고 그것이 나로 하여금 어린 시절부터 교회를 아끼게 하는 하나의 이유가 되었다. 많은 사람들이 십자가 목걸이를 통해 평안을 얻었음을 부인할 수 없다. 하지만 요즘은 그 목걸이 십자가(형상)도 힘을 잃은 듯 보인다. 공포영화에서도 십자가는 더 이상 힘을 발휘하지 않는다. 영화 속 영웅들은 이제 악당이나 괴물을 퇴치하기 위해 십자가 보다는 최첨단 무기를 사용한다. 어쩌면 당연한 결과다. 보이는 십자가 형상은 우리로 하여금 예수님의 십자가 사건을 기억하도록 하기 위해 존재하는 것이지 능력을 드러내는 도구는 아니기 때문이다. 그런데도 우리는 성물을 지니거나 거룩한 장소에 있음으로써 하나님의 능력과 바로 연결될 수 있다는 착각

> 하나님은 우리가 만든 형상, 우리가 생각하는 틀에 갇히시는 분이 절대 아니다. 우리는 상징이 아니라 실재이신 하나님을 사랑하고 예수님의 길을 따라갈 때만 천국에 도달할 수 있다.

에 빠지곤 한다. 수천 년 전 이스라엘 민족이 행했던 실수를 반복하고 있는 것이다.

하나님은 우리가 만든 형상, 우리가 생각하는 틀에 갇히시는 분이 절대 아니다. 십자가를 목에 걸었다고 거룩해지거나 하나님의 자녀가 되는 게 아니다. 또한 교회를 다니거나 세례를 받았다고 해서 저절로 새로운 인격을 지닌 새 사람으로 변하지 않는다. 혹시라도 그렇게 믿어왔다면 하나님의 속성에 대해 크나큰 오해를 하고 있음을 깨달아야 한다. 우리는 상징이 아니라 실재이신 하나님을 사랑하고 예수님의 길을 따라갈 때만 천국에 도달할 수 있다. 이 또한 우리 힘으로 가능한 것이 아니다. 오직 하나님의 죄 사함의 은혜를 통해서만 천국에 이를 수 있다. 이것을 명심해야 한다.

종교가 부패하는 단계

에이든 토저 목사는 '습관적 신앙에서 벗어나라'(생명의말씀사, 2001)에서 "그리스도인의 가장 큰 원수는 일상적 신앙, 습관적 신앙에 빠지는 것"이라고 지적한다. 아무런 감흥도 없이 매주 교회에서 예배를 드리고 십자가 목걸이를 거는 것만으로 기독교인이라고 자부하는 사람들에게 경종을 울리는 말씀이다. 이런 습관적 신앙 태도는 본인은 물론 공동체를 해롭게 한다.

종교가 부패하는 3단계가 있다. 첫 번째는 기계적인 상태로 아무런 느낌이나 감동, 기대없이 종교적인 활동을 반복하는 것이다. 두 번째는 습관적인 상태로 기계적인 상태의 노예가 되어 무의미한 행위에서 벗어나지 못하는 것이다. 세 번째는 자기 의와 판단에 빠져 하나님의 말씀과 뜻을 찾지 않게 되는 것이다. 겉으로는 기독교인이라고 하지만 실상은 자신을 믿고 있는 것이며 가장 지독한 자기 우상인 '내가 복음'에 빠진 것이다. 이는 직분과도 상관없다. 누구도 예외가 없다. 목사, 장로, 권사 등 누구라도 하나님과 멀어지면 표면적인 것에만 집착하게 되며 '교만'의 길로 들어서게 된다. 마치 이스라엘 백성들처럼 어려움이 닥치면 하나님이 아닌 법궤를 찾으려 혈안이 되는 것이다.

예수님이 제자들과 다니시며 여러 표적을 행하자 사람들은 "메시아가 나타났다"며 흥분했다. 물 위를 걷고 오병이어의 기적을 행하시는데 누군들 흥분하지 않을까. 예수님을 따르던 제자들도 예외가 아니었다. '스승님이 비범한 사람인 건 알았는데 이 정도일 줄은 몰랐다'며 속으로 쾌재를 불렀을 수도 있다. 그런데 예수님이 자꾸 자신이 받을 고난과 죽음에 대해 예언하시는 것이다. 사람들이 모이기 시작했고 이제부터 거사를 이뤄야 하는데 잡힌다거나 죽는다하시니 황당하다. 그래서 베드로가 나서서 항변한다.

"주여 그리 마옵소서 이 일이 결코 주께 미치지 아니하리이다"
(마16:22)

예수님을 붙잡고 싶었기 때문이다. 예수님은 바로 다음과 같이 답하셨다.

"사탄아 내 뒤로 물러 가라 너는 나를 넘어지게 하는 자로다 네가 하나님의 일을 생각하지 아니하고 도리어 사람의 일을 생각하는 도다"(마 16:23)

예수님의 능력만을 원하는 마음을 지니는 것이 바로 '사람의 일'이다. 그것은 '육신의 생각'이다. 하나님을 믿는 것이 아니라 자신의 생각과 유익을 위해 하나님의 능력을 구하고 행사하려는 사람이 곧 '사탄'이다. 법궤를 전쟁터 한복판으로 가져가는 사람들의 발걸음은 다름 아닌 사탄의 발걸음이다. 이것은 믿음의 여정을 가는 우리가 가장 주의해야 할 경고다. 예수님이 그토록 아끼셨던 제자 베드로에게 왜 이 메시지를 주셨는지 깊이 생각해야 한다. 하나님이 아니라 하나님의 능력을 부적처럼 곁에 두고 싶은 마음을 지니는 것이야말로 기독교인이 행할 수 있는 가장 큰 죄다.

부적이 아닌 '살아있는' 말씀

법궤는 곧 하나님의 말씀이다. 부적이 아니다. 우리는 법궤를 통해 하나님의 구원의 역사를 기억해야 한다. 변치 않는 사랑을 깨달아야 한다. 그것을 깨달아 알 때 교만은 사라지고 저절로 겸손히 순종할 수 있다. 그 사랑은 삶에 실제적인 능력과 기적이 된다.

'눈으로 쓰는 시인'으로 불린 일본의 크리스천 미즈노 겐조는 11살 때 뇌성마비를 앓고 전신마비에 언어능력까지 상실하게 되었다. 어느 날, 집에 누워만 있는 그에게 한 목사님이 찾아와 복음을 전했다. 미즈노 겐조는 성경을 읽고 자신의 존재 이유를 깨달았다. 그의 앞에 일본어 50음도 글자판을 놓고 엄마가 막대기로 글자를 훑으면 눈을 깜빡이는 방법으로 자신의 마음을 시로 표현하기 시작했다. 그렇게 쓰인 그의 책 '감사는 밥이다'(선한청지기, 2014)는 우리에게 깊은 감동을 던져준다. 책의 부제목은 '눈 깜박이 시인 미즈노 겐조의 행복한 아픔'이다. 일본의 작은 농촌 마을에 사는 눈만 깜빡일 줄 아는 어린 소년에게 하나님의 능력은 임하셨다. 그럼으로써 그 소년이 쓴 시를 통해 수많은 사람들이 하나님의 은혜를 깨닫고 믿음의 길을 갈 수 있었다. 미즈노 겐조가 '법궤'가 아닌 '하나님 말씀'을 통해 자신의 정체성을 깨달았으며 창조주 앞에 엎드려 감사할 줄 알았기 때문이다.

하나님은 박제된 부적이 아니다. 우리와 관계 맺기를 원하시는 살아계신 주, 역사하시는 주이시다. 오직 말씀 안에서 하나님을 알아가며 그분과 건강한 관계를 맺을 때 매일의 삶에서 '역사하시는 하나님'을 경험할 수 있다. 그러면 된다. 그분과 교제하고 동행하면 우리 삶의 어떤 고난도 행복으로 전환된다. 이것을 '믿음 생활'이라고 한다.

3. 인생, 파도타기

　빛과 함께 그림자가 지듯이 하나님과 관계를 맺으면서 우리는 새로운 갈등을 겪게 된다. 하나님만 믿으면 만사형통일 것 같지만 그렇지 않다. 더 많은 갈등 속에 놓이게 되기도 한다. 하나님의 법칙은 우리가 사는 세상의 법칙과는 다르기 때문이다.

　겨울에 함박눈이 쌓이면 평소 보던 풍경도 다르게 보인다. 전혀 새로운 세상에 있는 듯한 경험을 한다. "우리 동네에 지붕이 저렇게 많았나. 저기에 담장이 있었구나"라면서 넋 잃고 새로운 풍경을 바라보게 된다. 이는 하나님을 처음 알았을 때와 비슷하다. 항상 보던 풍경도 '아, 하나님이 만드셨지'라는 마음으로 보면 새롭게 느껴진다. 나뭇잎 하나도 허투루 만들어지지 않았다는 신비에 눈을 뜬 것이다. 하지만 눈이 반 정도 녹으면 어떤가. 눈이 없었을 때보다 길이 더 지저분해 보인다. 검정 때가 묻은 눈을 보면서 '빨리 녹아 없어졌으면…' 하고 생각한 적도 있을 것이다. 하나님은 당신과 가까워진 우리 내면의 죄를 돋보이게 하신다. 하나님을 몰랐다면 고민하지 않았을 일이 하나님과 함께하기 때문에 갈등의 요인이 된다. 왜 하나님은 우리의 내면을 건드리시는 것일까? 이유는 간단하다. 우리 모두가 자신의 내면을 직시하며 정결케 되길 원하시기 때문이다.

내면에서 일어나는 파도

다윗이 골리앗을 물리치고 입성했다. 일개 목동이었던 소년이 왕의 충신, 왕자의 친구, 공주의 예비 사윗감이 되었다. 초고속 승진을 하게 되었다. 아무도 이의를 제기하지 않다.

> "다윗은 사울이 보내는 곳마다 가서 지혜롭게 행하매 사울이 그를 군대의 장으로 삼았더니 온 백성이 합당히 여겼고 사울의 신하들도 합당히 여겼더라"(삼상 18:5)

그때 작은 파동이 일어났다. 다윗이 사울 왕의 명령으로 블레셋을 치고 돌아오는 길이었다. 성읍의 사람들이 기뻐 노래를 부르는데 얄궂게도 사울 왕과 다윗을 비교한 것이다.

> "사울이 죽인 자는 천천이요 다윗은 만만이로다"(삼상 18:7)

이 노랫말에서 사울 왕과 다윗의 쫓고 쫓기는 생사의 추격전이 시작되었다. 그 노래를 들은 사울이 "불쾌하여 심히 노하였다"(삼상 18:8)고 성경은 말한다. 사울 왕의 분노는 한순간의 불쾌감으로 그치지 않았다. 비록 실패했지만 직접 다윗을 죽이려고 두 번이나 창을 던졌다. 블레셋과 싸우다 죽기를 바라며 다윗을 전쟁터로 보내면 도리어 공을 세우고 돌아오는 것이었다. 사울 왕이 다윗에게 고난을 가하면 가할수록 '여호와께서 다윗과 함께 계심'이 드러날 뿐이었고, 사람들이 다윗을 더욱 사랑하여 '그의 이름이 심히 귀하게' 될 뿐이었다. (삼상 18:28~30)

사울 왕은 천 개의 눈을 다윗을 죽이는 일에만 사용했다. 그 중 한 개의 눈으로도 하나님을 보지 않았다. 쓸데없는 인간적 감정에 갇혀 하나님의 마음, 그분의 본심을 끝내 발견하지 못한 것이다.

하나님은 사울 왕을 버리고 다윗을 새로운 왕으로 선택하셨다. 그로 인해 다윗에 대한 사울 왕의 분노가 폭발했다. 사울에겐 하나님이 왜 다윗과 함께 하시는지는 관심 밖이었다. 그의 관심은 다윗을 향하는 사람들의 시선, 점차 위태로워지는 자신의 왕권에만 있었다. 하나님의 마음은 안중에 없었던 것이다.

사울 왕의 내면에 잠자고 있던 질투와 불안, 두려움이 폭발했다. 그는 내면의 파도의 원인은 보지 않고 자신의 감정에만 충실히 행동했다. 시기질투에 눈이 멀어 다윗을 죽이려고 혈안이 되었다. 만약 그 정성으로 하나님 앞에서 회개했다면 그의 말로는 그렇게 비참하지 않았을 것이고 인생행로가 달라졌을지도 모른다. 탈무드에 "질투는 천 개의 눈을 가지고 있으나 한 가지도 올바로 보지 못한다"는 말이 있다. 사울 왕은 천 개의 눈을 다윗을 죽이는 일에만 사용했다. 그중 한 개의 눈으로도 하나님을 보지 않았다. 쓸데없는 인간적 감정에 갇혀 하나님의 마음, 그분의 본심을 끝내 발견하지 못한 것이다.

영적 파도타기

세상적인 관점에서 사울 왕의 처사는 잘못된 것이 아니다. 왕으로서 왕권에 위협이 되는 존재를 제거하는 것은 당연하다. 왕권을 놓고 피비린내 나는 싸움이 일어나는 것은 비단 이스라엘만의 일은 아니다. 우리 역사에서 조선의 3대 왕인 태종이 일으킨 '왕자의 난', 어린 조카를 끌어내린 조선의 7대 왕 세조의 이야기는 드라마의 단골 소재가 되곤 한다. 얼마든지 더 많은 예를 찾을 수 있다. 권력 투쟁은 인간사에서 흔한 일이다. 하지만 그것은 하나님의 사람들이 갈 길은 아니다. 하나님은 우리가 인간적인 악한 감정을 넘어서 행동하길 원하신다.

하나님의 선택은 다윗의 인생에도 큰 파동을 일으켰다. 사울 왕을 망가뜨린 질투나 불안과는 비교도 할 수 없을 정도의 파동이었다. 그는 군대의 장군이었다가 미친 척 침을 흘리는 비참한 지경에 처하기도 했고 광야에서 도망 다니는 종의 신세가 되기도 했다. 어쩌면 인간적인 측면에서 다윗이 사울을 향해 살기를 품는 것은 당연한 일일 수 있다. 하지만 다윗은 자신을 망가뜨리는 감정에 휘둘리지 않았다. 고개를 아래로 떨구지 않고 끝까지 하나님만을 처다보았다. 결코 하나님을 향한 신뢰를 버리지 않았다. 두 번이나 사울을 죽일 수 있었으나 끝까지 참고 복수하지 않았다.

"내 아버지여 보소서 내 손에 있는 왕의 옷자락을 보소서 내가 왕을

죽이지 아니하고 겉옷 자락만 베었은즉 내 손에 악이나 죄과가 없는
줄을 오늘 아실지니이다 왕은 내 생명을 찾아 해하려 하시나 나는 왕
에게 범죄한 일이 없나이다"(삼상 24:11)
"여호와께서 사람에게 그의 공의와 신실을 따라 갚으시리니 이는 여
호와께서 오늘 왕을 내 손에 넘기셨으되 나는 손을 들어 여호와의 기
름 부음을 받은 자 치기를 원하지 아니하였음이니이다"(삼상 26:23)

다윗은 자신 앞에 사울 왕의 목숨이 놓였는데도 불구하고 그를 해
치지 않았다. 심판권과 복수권은 오직 하나님 손에만 있다는 사실을
믿었기 때문이다. 그것은 믿음의 결단이었다. 어떻게 이런 일이 가능
할까? 자신의 감정보다 하나님의 계획에 주목했기 때문이다.

'파도타기'로 불리는 '서핑'(surfing)을 할 때, 가장 중요한 점은 '파도
를 넘어서는 게 아니라 파도에 몸을 맡기는 것'이라고 한다. 서핑 보
드 위에서 바른 자세를 유지하고 파도에 몸을 맡기면 어느새 파도를
타고 바다 위를 누비게 된다. 하나님이 허락하시는 파도, 그분이 계획
하시는 일의 주권은 철저히 하나님께만 있다. 어설프게 인간이 그 주
권을 행사하려면 안 된다. 하나님은 우리가 파도에 몸을 맡기길 원하
신다. 팔을 휘젓거나 발을 구를 필요가 없다. 그렇게 노력하면 오히려
바다에 빠지게 된다. 사울 왕처럼 말이다. 다윗이 자신의 모든 감정을
내려놓고 하나님께 몸을 맡긴 것처럼 보드 위에 몸을 맡겨야 한다. 그
때 우리는 파도를 타고 바다 위를 가로지를 수 있다.

행복한 아픔

파도를 일으키는 주체가 하나님이라는 사실을 안다면 우리는 파도 위에서도 행복할 수 있다. 날이 갈수록 점점 더 파도를 잘 타게 될 것이다. 아무리 큰 파도가 온다고 해도 상관이 없다. 파도는 우리를 해치기 위한 것이 아니기 때문이다. 파도는 우리를 또 다른 차원으로 나아가도록 하기 위해 밀려오는 것이다.

미즈노 겐조는 자신의 책 '감사는 밥이다'의 부제로 '행복한 아픔'이라는 말을 썼다. 과연 행복한 아픔이 존재할까? 오로지 눈동자만 움직일 수 있는 시인이 행복하다니 상상이 가지 않는다. 그에겐 아픔이 어울리지 행복은 가당치 않아 보인다. 겐조는 몸의 치유를 위해 여러 차례 기도했지만 끝내 병을 낫게 할 수는 없었다고 한다. 기도는 그의 손가락 하나도 움직이게 하지 못했다. 그런데도 그는 누워 눈만 깜빡일 수 있으면서도 하나님을 찬양했다. 10년 만에 나온 그의 첫 시집의 제목이 '내 은혜가 네게 족하도다'(1981)였다. 아픔은 성숙으로 가는 길임을, 그 아픔의 끝자락에서 하나님이 기다리고 계심을 믿는 자만이 할 수 있는 고백이다. 그렇다. 아픔은 우리를

> 파도를 일으키는 주체가 하나님이라는 사실을 안다면 우리는 파도 위에서도 행복할 수 있다. 날이 갈수록 점점 더 파도를 잘 타게 될 것이다. 파도는 우리를 또 다른 차원으로 나아가도록 하기 위해 밀려오는 것이다.

성숙하게 한다. 아픔을 통해 우린 다른 어떤 것도 의지하지 않고 힘을 빼고 하나님 안에 들어갈 수 있다. 수많은 실패와 실수를 딛고 파도에 올라 탈 때 우리는 '행복한 아픔'의 진정한 의미를 깨달을 수 있다. 다음은 미즈노 겐조의 시 '주님의 것이 되었기에' 중 일부다.

> "주님의 것이 되었기에 지극히 작은 일이라도 기도드려 구하세요
> 주님의 것이 되었기에 지극히 작은 일이라도 기도드려 결정하세요
> 주님의 것이 되었기에 지극히 작은 일이라도 주님의 뜻대로만 행하
> 세요"

　시인의 고백을 통해 신앙생활에서 가장 중요한 일이 무엇인지 알게 된다. 그것은 모든 일의 주권을 하나님께 돌려드리는 것이다. '돌려드린다'는 말에 주목해야 한다. '이양'하거나 '주는 것'과는 다르다. '돌려드린다'는 원래 있던 곳으로 돌아가게 하는 것이다. 우리가 하나님의 피조물임을 인정하고 하나님께 주권을 돌려드릴 때 우리는 아픔을 통해서도 행복을 알게 된다.
　인생의 아픔은 사라질 수도, 그대로 존재할 수도 있다. 하지만 아픔의 유무와 무관하게 우리는 성장하고 행복할 수 있다. 하나님 안에서 가능하다. 육신의 생각, 감정, 당연해 보이는 욕심을 모두 내려놓고 오로지 하나님께 집중하라. 기도로 구하고 결정하고, 그대로 행하라. 반드시 성장할 것이다.

4. 인생, 돌아서지 말고

신학대학원생 시절에 이스라엘로 성지순례를 다녀온 적이 있다. 그때 방문객들에게 인기 있는 유적지 중 하나인 소돔산(Mt. Sodom)에서 '소금기둥'을 보았다. 길이 11㎞, 너비 3㎞에 달하는 소금 덩어리로 이루어진 소돔산에는 남쪽 사해 방향을 향해 치마를 입고 돌아선 여인의 형상이 있었다. 소돔과 고모라가 멸망할 때 뒤를 돌아봐서 소금기둥이 됐다는 롯의 아내를 형상화 한 것이다.

소돔에 살고 있었던 아브라함의 조카 롯은 의인이었다고 전해진다. (벧후 2:7) 그의 가족들은 하나님께서 죄가 만연했던 소돔과 고모라를 유황과 불로 멸망시키실 때(창 19:24) 두 천사의 도움으로 몸을 피했다. 하지만 도망가다 뒤를 돌아보았던 롯의 아내는 그 자리에서 소금기둥이 되었다. 살아남은 롯과 두 딸은 후에 모압과 암몬 족속의 조상이 되었다. (창 19:36~38) 그런데 롯의 아내는 왜 뒤를 돌아보았을까?

우리를 돌아서게 하는 것, 우상

롯은 아브라함과 함께 애굽을 떠나온 유일한 혈육이었다. 처음에는 함께 생활했지만 소유가 늘면서 분가를 하게 된다. 아브라함은 롯에게 정착지를 먼저 정하라며 한 발 뒤로 물러났다. 롯은 눈을 들어 요단을 바라보았고 물이 풍부하고 "여호와의 동산 같고 애굽 땅과 같던" 소돔을 주목했다. (창 13:10) "소돔 사람은 여호와 앞에 악하며 큰 죄인"이었지만 그는 개의치 않았다. 그들에게 물들지 않을 자신이 있었는지도 모른다. 하지만 롯 혼자 독야청청하다고 문제가 사라지는 게 아니었다. 하나님이 죄가 관영한 소돔과 고모라를 멸하고자 결정하시면서 롯이 그곳에서 이룬 것들은 하루아침에 재로 변하게 됐다. 게다가 자기도 모르게 소돔에 젖어 살았던 아내와 가족들을 잃었다. 애굽을 떠났으면서도 '제2의 애굽'을 찾았고 그것에 사로잡혔던 것이다.

롯의 아내를 뒤돌아보게 한 가장 큰 이유가 '미련'이 아니었을까 짐작해 본다. 비록 소돔이 부패하고 타락한 땅이 되었지만 롯의 가족으로선 일가를 이루고 남부럽지 않게 살았던 그곳에서 떠나려하니 어찌 아쉽지 않았을까. 그 아쉬움이 롯의 아내를 소금기둥으로 만들었다.

하나님이 이스라엘 민족의 요청대로 사울 왕을 세우신 후 사무엘은 뒤로 한 발 물러났다. 여전히 제사장이었으나 이스라엘의 대소사는 왕이 직접 주관하게 되었기에 그는 많은 일에서 손을 떼었던 것이다. 그는 고별사에서 이스라엘 민족이 하나님에게 불순종했던 모든 죄에 "왕을 구하는 악을 더하였음"을 지적했다. (삼상 12:16~19) 그러면서 이제부터라도 "여호와를 따르는 데에서 돌아서지 말고 오직 너희의 마음을 다하여 여호와를 섬기라"고 권면한다. (삼상 12:20) 하나님이 친히 왕을 선택해 세워주셨으나 오직 여호와만을 섬기며 왕을 우상화하는 죄를 범하지는 말라고 당부한 것이다.

롯과 사울 왕의 예에서 보듯이 인생에서 우상의 싹을 완벽히 제거하기란 심히 어렵다. 주변을 한번 둘러보라. 무엇이든 우상이 될 만한 것이 있는가? 없거나 잘 모르겠다고 생각된다면 도처에 널린 우상을 아직 발견하지 못한 것일 수도 있다. 우상은 분명 우리 가까이에 존재한다. 우리가 발견하지 못했지만 그 우상 가운데 살아갈 수도 있다. 롯의 가족을 보라. 그들은 우상 가운데 생활하며 나름 일가를 이뤘다. 그들에게 우상은 시선을 하나님께 두지 않은 것이다. 하나님으로부터 시선을 돌린 것이 바로 우상이다.

우상이 태어나는 곳

우리는 앞에서 인생을 더 어렵게 만드는 것들 중 하나가 우상임을 살펴보았다. 무엇이든 하나님보다 더 의지하며 마음을 빼앗기게 되는 것이 있다면 그것이 바로 우상이 된다. 그렇다면 우상은 어떻게 만들어지는 걸까? 하나님 안에 있는 사람에게는 우상이 발붙이지 못할까? 안타깝게도 그렇지 않다. 우상은 더러 눈에 보이기도 하지만 이 시대의 우상들 대부분은 보이지 않게 존재한다. 아주 교묘한 방법으로 존재하기에 알아차려 버리기가 매우 어렵다. 실제로 크리스천들도 하나님과 수많은 우상들을 더불어 섬기고 있는 것이 현실이다.

사무엘은 우상을 "유익하게도 못하며(useless) 구원하지도 못하는 헛된 것(토후)"이라고 정의한다. (삼상 12:21) 우상을 정의하는 이보다 정확한 말은 없는 것 같다. 히브리어 '토후'는 뒤섞이어 어지러운 상태를 묘사할 때 사용되는 단어다. 창세기 1장 2절의 "땅이 혼돈하고 공허하며"에서 사용된 단어가 토후다. 즉 토후는 빛이 창조되기 전, 빛이 없는 상태라고 할 수 있다. 미국 뉴욕 리디머교회 담임 팀 켈러 목사는 우상을 '거짓 신들'이라고 표현했다. 그는 '거짓 신들의 세상'(베가북스, 2012)에서 "돈, 성, 권력, 명예, 인기, 승리, 성공, 행복, 가족, 안정, 영향력, 만족, 자아실현, 이념, 철학, 종교 등 사람의 마음과 사회 속에서 신적인 위엄을 차지하고 있는 것들은 모두 우상이다"라고 말했다. 우리가 일상에서 '늘 원하는 것들'이 결국 우상이라는 말이다. 그가 꼽은 우상의 리스트를 보면 우리가 우상 위에 발붙이며 살고 있다는 것을 알 수 있다. 결국 우린 우상과 함께, 혹은 우상을 위해 하나님을 섬겼는지도 모른다. 우상은 우리 안에서 태어나 우리의 욕심을 먹고 자라난다.

요즘 임신을 위해 갖은 노력을 다하는 부부들을 보면 마음이 안타깝다. 좋은 부모의 자질을 충분히 갖춘 젊은이들이 아이를 위해 기도하는 모습을 보면 저절로 중보를 하게 된다. 하지만 일부 젊은 부부들 가운데는 어렵게 얻은 아이를 너무 사랑한 나머지 다른 모든 것,

> 우상은 우리가 스스로를 위하여 만들어내는 모든 것이다. 우상과 멀어지는 방법은 하나님을 인생 목적으로 삼아 그분을 사랑하며 예수님만을 따라가는 것이다. 그 방법밖에 없다

특히 하나님까지 제치고 마는 경우도 있다. 어렵게 얻은 아이가 얼마나 사랑스러울까. 그 아이를 위해 모든 것을 쏟아 붓는 마음은 십분 이해할 수 있다. 그러나 그 아이를 중심으로 모든 삶이 움직이고 있다면 결국 그 자녀가 우상이 돼버린 것이다. 이외에도 많다. 결혼을 위해, 행복을 위해, 성공을 위해 열심히 신앙생활하고 있는 사람들에겐 그 결혼과 행복, 성공이 우상이다. 하나님은 무언가를 얻기 위해 믿는 존재가 아니기 때문이다. 하나님은 우리의 유일한 목적이다. 결혼, 임신, 육아, 성공, 행복 등 어떤 것들도 하나님을 위해서 행해져야 한다.

또한 우리가 어렵게 무언가를 얻었을 때 우상이 싹을 틔우는 경우를 많이 본다. 힘들고 어려운 순간에는 다른 것에 눈길이 가지 않는다. 하나님만 찾게 되고 하나님께 집중을 한다. 그러다 그토록 원하던 것이 이뤄졌을 때, 그 원하던 것이 결국 우상이 되고 만다. 그렇게 우리 안에서 자라난 우상은 떼어내기가 보통 어려운 것이 아니다. 그것들이 인생의 근간을 이루고 있는 경우가 많기 때문이다.

롯은 아브라함과 함께 힘든 광야 길을 걸었다. 고생스러운 여정이었을 것이다. 식솔을 이끌고 삶의 터전을 바꾼다는 게 쉬운 일이 아니다. 그렇게 도착한 곳에서 열심히 일해 가산을 불려나갔다. 소유가 커

져 아브라함으로부터 분가도 하게 되었다. 새롭게 살게 된 도시에서도 잘 적응하여 자녀들을 모두 결혼시켰다. 가정을 이룬 자녀들을 보면 뿌듯하다. 더없이 좋다. 이것이 하나님의 축복이 아니라면 무엇이겠는가. 하지만 잊지 말아야 한다. 하나님과 함께 하지 않는다면 그 어떤 것도 영원하지 않다. 소돔이 무너지고 아내가 소금기둥이 되었을 때에야 롯은 자신이 이룬 모든 것들이 우상에 불과했음을 깨닫는다. 우상은 돌아서면 사라진다. 우상에 기반 한 것들은 결국 아무것도 남지 않는다.

우상을 막는 길

우상은 우리가 스스로를 위하여 만들어내는 모든 것이다. 우상과 멀어지는 방법은 하나님을 인생 목적으로 삼아 그분을 사랑하며 예수님만을 따라가는 것이다. 그 방법밖에 없다. 오직 하나님을 바랄 때 그분의 약속 안으로 들어갈 수 있다.

"여호와께서는 너희를 자기 백성으로 삼으신 것을 기뻐하셨으므로 여호와께서는 그의 크신 이름을 위해서라도 자기 백성을 버리지 아니하실 것이요"(삼상 12:22)

무엇보다 우리는 하나님 안에서도 언제든 우상을 만들고 키울 수 있다는 사실을 명심해야 한다. 하나님을 목적이 아닌 수단으로 삼을 때 우상은 인생 깊숙이 들어와 뿌리를 내린다. 그렇기 때문에 우리는 매 순간 깨어서 하나님을 묵상해야 한다.

"이는 만물이 주에게서 나오고 주로 말미암고 주에게로 돌아감이 라"(롬 11:36)

하나님이 인생의 시작과 끝이 되심을 잊으면 안 된다. 하나님이 살아서 역사하신다는 것을 넘어 하나님이 인생을 열고 닫으시는 분임을 확신해야 한다. 그래야 하나님 안에서 엉뚱한 우상을 키우는 우를 범하지 않을 수 있다.

중국을 처음으로 통일했던 진시황은 "진나라를 망치는 자는 호(胡)"라는 노생의 말에 '호'를 오랑캐 흉노족이라 여겨 북쪽에 만리장성을 쌓았다고 한다. 하지만 그의 귀여움을 받던 막내아들 호해가 왕이 되어 폭정을 일삼다 진의 마지막 왕으로 죽자 사람들은 진나라를 망친다는 호는 흉노족이 아니라 호해임을 알게 되었다. 이같이 인생을 무너뜨리는 적은 우리 내면에 있을 때가 많다. 롯의 아내로 하여금 고개를 돌리게 한 힘은 외부가 아니라 그녀의 내면에 있었다. "무엇이 롯의 아내의 고개를 돌리게 했을까?"라는 질문은 "당신은 무엇을 위해 하나님에게 나옵니까?"라는 말과 같다. 우리는 '무엇을 위해서'가 아니라 '오직 하나님을 위해' 하나님 앞에 나와야 한다.

인생길을 제대로 가기 위해선 내면의 은밀한 유혹을 넘어서야 한다. 하나님으로부터 돌아서지 않기 위해서는 육신의 생각으로 하나님을 바라보아선 안 된다. 그래서 예수님이 오셨고, 지금도 여전히 우리를 위해 중보하고 계신다.

"그러므로 자기를 힘입어 하나님께 나아가는 자들을 온전히 구원하실 수 있으니 이는 그가 항상 살아 계셔서 그들을 위하여 간구하심이라"(히 7:25)

또한 우리는 서로 중보자가 되어야 한다. 부모, 형제자매, 배우자, 친구 등 누구와도 함께 중보하며 하나님을 경험하며 기도하기 바란다. 함께 중보기도를 해 나갈 때 우리 안에서 우상이 자라나고 있다는 사실을 직시하게 되며 그것을 막을 수 있다. '함께'가 중요하다. 그래서 사탄은 기를 쓰고 믿는 자들의 하나 됨을 막고 있는 것이다. 개인은 연약하다. 그러나 함께할 때 강할 수 있다. 삼겹줄은 쉽게 끊어지지 않는다. 함께 하나님을 알고자 노력하고 서로 경험한 하나님을 나누고 묵상할 때 우상에서 벗어날 수 있다. 예수님의 이 약속을 반드시 기억하자.

"두세 사람이 내 이름으로 모인 곳에는 나도 그들 중에 있느니라"
(마 18:20)

5. 다시 시작하는 인생

　다윗이 블레셋과 함께 이스라엘을 치러 출전했다가 쫓겨나 돌아왔다. 시글락에 도착한 다윗은 아말렉의 습격으로 마을이 폐허가 된 것을 보았다. 그러나 그는 바로 아말렉을 뒤쫓아 승리해 전리품을 얻었고 빼앗겼던 식솔들을 되찾아왔다. 다윗이 빼앗겼던 모든 것을 찾아 다시 시글락에 도착한지 사흘 후 사울과 요나단이 죽었다는 소식이 들려왔다.

　블레셋에게 패한 이스라엘은 길보아 산에서 요나단과 훌륭한 장수들을 잃었다.(삼상 31:2) 중상을 입은 사울 왕은 전세가 기운 것을 보고 옆의 병사에게 자신을 찌르라고 명령했다. 그러나 병사가 선뜻 행하지 못하자 자기 칼을 뽑아 그 위에 엎드러졌다.(삼상 31:4) 그런데도 목숨이 끊어지지 않자 사울 왕은 아말렉 사람에게 자신을 죽이게 했다.(삼하 1:10) 이스라엘의 패전, 사울의 죽음과 함께 사무엘상은 끝이 난다. 그리고 이스라엘은 새로운 왕 다윗과 다시 시작하게 된다.

죽음, 새로운 시작

　창세기의 마지막을 장식하는 사건은 야곱(이스라엘)의 아들 요셉의 죽음이다. 요셉은 애굽에 노예로 팔려갔으나 총리까지 오른 입지전적인 인물이었다. 그를 통해 이스라엘 민족은 애굽에 정착할 수 있게 됐다. 요셉은 자손에게 하나님이 이스라엘 백성들을 약속의 땅으로 인도할 때 자신의 해골을 메고 올라갈 것을 맹세하게 한다. (창 50:25) 그리고 뒤이어 출애굽기에서 모세가 등장한다. 모세는 이스라엘 민족을 이끌고 애굽을 벗어나 광야시대를 열었던 인물이다. 신명기의 마지막은 모세의 죽음을 묘사하며(신 34:5~6) 이제 여호수아의 시대가 시작됨을 알리고 있다.

사울의 죽음은 다윗의 시대를 여는 마중물과 같았다. 이스라엘 민족은 사울을 장사하며 7일간 금식했다. (삼상 31:13) 이후 다윗이 온 이스라엘의 왕이 되기까지는 7년 6개월의 시간이 더 필요했다. (삼하 5:3) 아마도 사울의 그림자를 완전히 없애는데 그 정도의 시간이 걸리지 않았을까 생각된다. 따라서 다윗이 기름부음을 받은 이후 왕이 되기까지 20여 년이 걸렸다고 볼 수 있다.

하나님의 역사는 완전한 끝에서 다시 시작되곤 한다. 홍수 심판으로 온 지면의 생명이 죽고 노아의 시대가 열린 것과 같다. 또한 예수님이 십자가에서 죽으신 후에 부활신앙의 시대가 열렸다. 그럼으로써 인간은 죽음을 향해 가지만 그것이 끝이 아니라 새로운 시작임을 믿고 살아가게 된 것이다. 신앙생활도 마찬가지다. 이전의 세계관, 생활습관, 방식, 목표 등 모든 것에서 벗어나 새로운 세계로 들어가는 것이다. 그저 자신의 삶에 기독교를 하나 더 추가하는 것이 결코 아니다.

"그런즉 누구든지 그리스도 안에 있으면 새로운 피조물이라 이전 것은 지나갔으니 보라 새 것이 되었도다"(고후 5:17)

보내야 새롭게 시작할 수 있다

요즘 자주 거론되는 명제가 '끝', '마무리', '죽음'이다. '죽음준비(death education)'란 단어는 이젠 낯설지 않다. 죽음준비의 핵심은 죽음을 응시하고 현재에 충실히 임하는 것이다. 삶이 유한하다는 사실을 받아들이고 현재에 최선을 다하자는 것이 죽음준비의 핵심이다. 그러나 이것은 죽음을 '시작'으로 바라보는 기독교의 관점과는 다르다. 우리는 죽음이 끝이 아니라 하나님의 나라에서 새롭게 시작되는 지점이라는 것을 알기에 현재의 삶에서 하나님께 집중한다. 우리는 죽음을 향해 가지만 그것은 곧 하나님의 나라를 향해 가는 것이기도 하다. 그렇기 때문에 진정으로 의미 있는 죽음은 육체의 죽음이 아니라 현재 우리 안에 있는 육신의 생각과 우상의 죽음이다. 우리 삶에서 하나님이 허락하지 않은 모든 것을 죽여야 하나님과 새롭게 동행하는 인생을 시작할 수 있다.

간혹 과거에 머물며 육신의 생각과 우상들을 유지하고 싶은 마음이 새로운 시작을 방해한다. 잘못된 구습은 모두 제거했지만 더는 나아가고 싶지는 않은, 이를테면 '이제 충분하다'는 마음이 발목을 잡는다. 예수님으로부터 사명을 받은 사도 바울의 말을 음미해 보아야 한다.

"나는 아직 내가 잡은 줄로 여기지 아니하고 오직 한 일 즉 뒤에 있는
것은 잊어버리고 앞에 있는 것을 잡으려고 푯대를 향하여 그리스도
예수 안에서 하나님이 위에서 부르신 부름의 상을 위하여 달려가노
라"(빌 3:13~14)

초대교회의 위대한 지도자였던 바울조차도 "마지막까지는 뭔가 이
루었다고 말할 수 없다"고 경고하고 있다. 우리는 마지막까지 최선을
다해 예수님의 뒤를 좇아가야 하는 것이다.

사울을 위한 다윗의 애가

자신을 괴롭히던 사울 왕이 처참히 죽었으나 다윗은 기뻐하지 않
았다. 사울 왕을 찌르고 그 모습을 전하러 달려온 아말렉 청년을 죽
이고 옷을 찢으며 금식하였다.(삼하 1:11~14) 그리고 사울 왕과 그의
아들 요나단을 위해 애가를 지어 "유다 족속에게 가르치라"고 명했
다.(삼하1:17~18)

"이스라엘아 네 영광이 산 위에서 죽임을 당하였도다
오호라 두 용사가 엎드러졌도다

… 중략 …

사울과 요나단이 생전에 사랑스럽고 아름다운 자이러니

죽을 때에도 서로 떠나지 아니하였도다

그들은 독수리보다 빠르고 사자보다 강하였도다

… 중략 …

오호라 두 용사가 엎드러졌으며 싸우는 무기가 망하였도다"

(삼하 1:19~27)

다윗은 자신을 죽이려고 직접 창을 던지기까지 했던 사울 왕을 위해 이토록 절절한 노래를 지었다. 다윗이 기뻐하기보다 애통해했던 이유는 하나님이 직접 선택하셨던 이스라엘의 첫 번째 왕이 하나님을 떠나 아름답지 못한 끝을 맞이한 것이 슬펐기 때문이다. 하나님도 결코 사울 왕의 죽음을 기뻐하지 않으심을 알았던 것이다. 이는 사무엘이 하나님의 명령을 어기고 불순종했던 사울 왕으로 인해 상심했던 이유와 같다. 정말로 하나님을 사랑했기 때문에 어떤 순간에도 하나님을 먼저 생각했던 것이다.

> 우리는 세상 속에서 육신의 생각과 각종 우상에 둘러싸여 생활한다. 매 순간 유혹에 노출되어 있다. 그러다 하나님과 세상 중 하나를 선택해야 하는 상황을 만난다. 어떻게 해야 할까?

교회에서 사역하다보면 이와 비슷한 경우를 자주 보게 된다. 하나님을 만나고 열심히 신앙생활하면서 믿음을 키워나가던 성도가 시간이 지나면서 다시 조금씩 이전의 생활로 돌아가는 것이다. 결국 교회를 떠나기도 한다. 그러다 그 성도에게 불행이 닥쳤다는 소식을 전해 듣게 되면 목회자로서 그 슬픔은 말로 할 수 없다. 새로운 성도가 오지 않는 것보다 훨씬 더 슬프다. 그 성도를 깊이 알지 못한 나도 이렇게 안타까운데 하나님은 오죽하실까라는 마음이 든다. 그렇게 생각하면 성도들을 만나는 매 순간 최선을 다해야겠다고 다짐하게 된다. 한 사람도 하나님과 멀어지지 않게 하기 위함이다.

우리는 세상 속에서 육신의 생각과 각종 우상에 둘러싸여 생활한다. 매 순간 유혹에 노출되어 있다. 그러다 하나님과 세상 중 하나를 선택해야 하는 상황을 만난다. 누구나 이 변화하는 유혹 많은 세상에서 중심을 잡고 살아가는 것이 쉽지 않다. 어떻게 해야 할까?

인생의 중심, 하나님께 두다

"다윗이 여호와께 여쭈어 아뢰되 내가 유다 한 성읍으로 올라가리이까"(삼하 2:1)

사울 왕이 죽었으니 다윗은 이제 자신의 왕위가 코앞에 있음을 알았다. 더는 장애물이 없었다. 그런데도 다윗은 하나님께 "유다 성읍으로 올라가리이까"라고 묻고 있다. 이스라엘에는 열두 지파가 있는

데 다윗은 유다지파 사람이었다. 그가 하나님께 자신의 고향으로 돌아가도 될지를 묻고 있는 것이다. 어찌 보면 귀향은 당연한 일이다. 자의로 이스라엘을 떠난 것도 아니었다. 십여 년을 광야와 타국에서 떠돌았는데 이제 집으로 돌아가는 게 당연하지 않겠는가. 그런데도 다윗은 하나님께 묻고 결정한다.

하나님께서 "올라가라"고 말씀하시자 다시 "어디로 가리이까"라고 묻는다. (삼하 2:1) 그리고 하나님께서 말씀하신 헤브론으로 향한다. 헤브론은 갈렙 족속의 땅이며 아브라함이 아내 사라를 매장하기 위해 샀던 묘터가 있는 '약속의 땅'이었다. 다윗은 왕으로 가는 초석을 약속의 땅에 놓게 되었다.

똑같이 이스라엘의 왕이었던 사울과 다윗의 차이는 무엇이었을까? 어쩌면 외면적으로 둘의 차이는 크지 않았을지도 모른다. 그러나 결정적 차이가 있었다. 그것은 '끝까지 하나님에게 묻고 행동하느냐의 차이'였다. '결정권이 누구에게 있는지'를 하나님과 자신에게 계속 상기시켰던 것이야말로 다윗이 사울의 길을 가지 않게 만든 핵심 요인이었다. 그것이 그들의 끝을 다르게 만들었다. 다윗은 광야를 떠돌면서 '인생의 결정권이 누구에게 있는가?'라는 인간에게 가장 중요한 질문에 대한 답을 찾았다.

그는 여전히 블레셋 땅에서 더부살이를 하고 있었고, 사울 왕이 죽었어도 당장 왕이 되지도 못했지만 상관이 없었다. 자신의 인생 결정권이 철저히 하나님께 있음을 깨달았기 때문이다. 그렇기 때문에 다윗은 인생사 어떤 일에도 경거망동하거나 교만하지 않을 수 있었다. 끝까지 하나님을 의지할 수 있었다.

다윗이 왕위에 앉기까지 20년이 넘게 떠돌았던 것과 달리 사울 왕은 고난의 시간을 보내지 않았다. 기름부음을 받은 후 길갈에서 왕이 되기까지 그리 오랜 시간이 걸리지 않았다. '사울 왕을 보고서 하나님이 다윗에게 광야의 시간을 더하신 것이 아닐까'라는 생각도 든다. 그 정도로 다윗은 광야에서 단련된 인격의 소유자로 성장했다. 그의 인생은 마치 우리가 하나님의 나라에 들어가기까지 광야와 같은 인생 위에 놓여있는 것과 비슷하다. 인생길을 가면서 다윗처럼 우리도 예상치 못한 고난과 역경, 배신과 모함을 당할 수 있다. 인생의 여정 자체가 곧 광야이기 때문이다. 그러나 절망할 필요 없다. 우리 역시 다윗처럼 하나님을 의지해 광야에서 만나는 모든 위기를 지혜롭게 모면할 수도 있기 때문이다. 하나님은 어제나 오늘이나 변함없이 자신에게 구하는 자에게 동일한 은혜와 구원을 베푸시는 선하신 분이시기 때문이다.

요한복음 3장 16절

신약성경 요한복음에 니고데모라는 사람이 나온다. 그는 '바리새인'이며 '유대인의 지도자'라고 기록되었다. 지금으로 따지면 엘리트 집안 사람인 것이다. (요 3:1) 그는 율법을 중시했기에 사마리아인과

> 만군의 하나님이 우리를
> 사랑하시고 우리를 위해
> 중보하신다! 그러니 우리
> 가 그분을 인생의 주인으
> 로 모시며, 그분에게 인생
> 의 결정권을 위탁하며, 그
> 분께 항상 물어보는 것은
> 너무나 당연하지 않은가.

도 거침없이 어울리는 예수님을 대놓고 따르거나 예수님의 말씀에 동조할 수 없었다. 그러나 그는 하나님이 함께하시지 않는다면 예수님이 행하신 표적을 누구도 할 수 없음을 느꼈다. 그래서 밤늦게 예수님을 찾아왔다. 그리고 사람이 어떻게 거듭날 수 있는지 물었다. 예수님은 '물과 성령으로' 거듭나야 함을 설명하셨지만 율법을 기준으로 평생을 살아온 니고데모는 그것을 이해하기 어려웠다.(요 3:5) 그의 말씀대로라면 니고데모는 자신의 방식에서 벗어나 예수라는 젊은 청년을 믿어야 구원에 이를 수 있었다. 결코 이해하거나 실행하기 쉽지 않았다. 어려워하는 니고데모를 위해 예수님은 성경 전체의 주제를 한 문장으로 요약해 주셨다.

"하나님이 세상을 이처럼 사랑하사 독생자를 주셨으니 이는 그를 믿는 자마다 멸망하지 않고 영생을 얻게 하려 하심이라"

성경 가운데 가장 유명한 구절 중 하나인 요한복음 3장 16절이다. 이 말씀을 들은 니고데모는 후에 예수님을 위해 변론했고(요 7:50~52), 제자들과 함께 예수님의 장례에 참석했다.(요 19:39) 그는 기독교인이 되어 복음을 전하다 순교했다고 전해진다. 그 말씀이 니고데모를 변화시킨 것이다.

우리는 왜 인생의 희노애락을 하나님과 함께해야만 하는가? 하나님이 왜 우리의 주인이 되실까? 왜 항상 하나님께 물어야 할까? 답은 간단하다. 하나님은 자신이 창조한 우리 인생들을 너무나 사랑하시고 아끼시기 때문이다. 그분은 이 땅에서 우리가 행복한 인생을 살아가길 원하신다. 그리고 우리를 위해 중보하신다. 만군의 하나님이 우리를 사랑하시고 우리를 위해 중보하신다! 그러니 우리가 그분을 인생의 주인으로 모시며, 그분에게 인생의 결정권을 위탁하며, 그분께 항상 물어보는 것은 너무나 당연하지 않은가.

요한복음 3장 16절의 말씀을 진심으로 믿는다면 이제 매사를 하나님께 묻고 그분의 지시대로 행동해야 한다. 하나님이 우리의 기준이고 결정권자이시기 때문이다. 우리 모두는 새로운 출발선에 서 있다. 출발선에서 생각해야 할 이름은 바로 주 예수 그리스도시다. 다시 시작하는 우리 인생은 철저히 하나님의 아들, 예수 그리스도 안에 있다.

에필로그

재수를 해서 가고 싶었던 과는 관광경영과였다. 본래 놀기를 좋아해 공부도 놀면서 할 수 있을 것 같고 왠지 그 과에 가면 관광을 하면서 놀 수 있으리란 철없는 생각에 1지망으로 선택했다. 그러나 보기좋게 떨어지고 체면상 써놓은 내가 가장 싫어하는 영어를 써야하는 영문학과에 붙었다. 그야말로 '영문도 모르고' 입학하게 되었다. 기본이 없던 영어는 내게 눈물의 광야였다. 그러나 그 황량한 광야는 하나님의 부르심을 위한 훈련의 장소였음을 나중에야 깨닫게 되었다. 신학대학원을 졸업하고 영국으로 유학을 떠나게 되었을 때 영어는 하나님이 사용하시는 결정적 도구가 되어주었다.

이것이 인생이다. 인생길에는 수많은 갈림길과 선택지가 놓여있다. 결과는 아무도 알지 못한다. 그냥 부지런히 걸어갈 뿐이다. 그 길에서 희노애락을 경험한다. 그러다 일정 세월이 지나면 시들어 떨어지는 들의 풀, 꽃과 같이 모든 사람들이 가는 길, 죽음에 이른다. 어떻게 보면 참으로 인생은 허무하다. 그렇게 모든 사람들이 허무한 인생을 살아간다.

나는 가난한 농부의 아들로 태어나 어려서부터 인생에 대해 많은 생각을 하며 살았다. 온몸으로 체득한 분명한 한 가지는 평탄한 시간보다는 거친 광야의 시간들 속에서 하나님을 깊이 만날 수 있다는 것이다.

푸른 캠퍼스 잔디 위에서 노니는 아름다운 대학생활을 꿈꾸다 입시에 실패해 재수를 할 때, 멋있어 보이던 군인이 되고자 입대했지만 정작 군복을 입고 자대에 배치 받아 군대라는 현실에 부닥쳤을 때, 어깨에 무거운 짐을 지고 걸어가야 했던 만만치 않았던 유학시절의 때, 개척교회 목사의 때, 목회의 전성기를 달리다 바닥을 치는 아픔을 경험해야 했던 때…. 그렇게 내 인생 역시 광야의 연속이었다.

그런 인생의 광야에서 주님을 깊이 만났다. 그리고 기회를 얻었다. 그 광야에서 하나님은 나의 인생의 방향을 제대로 잡아 주셨다. 그분과 동행하며 나는 영원을 향한 걸음을 내딛을 수 있었다. 바닥에 내려가 보니 비로소 하늘이 보였다. 바닥을 쳤을 때, 역설적으로 희망이 보였다. 그것이 인생이었다. 주 예수 그리스도가 우리의 희망이다. 그분을 통해서 본질적으로 허무한 인생이 찬란한 기쁨의 인생으로 변할 수 있다. 그래서 그분과 동행하는 삶이야말로 가장 가치 있는 것이다.

이제 다시 시작이다. 내게 남은 시간들을 결코 허비하지 않고, 영적 파도를 타고 사명을 길을 가리라 다시 마음을 다잡는다. 나는 주 예수를 따르기로 결심했다. 결코 돌아섬은 없을 것이다. "I have decided to follow Jesus. No turning back!"

어느 순간, 운명처럼 죽음을 마주할 때 이 고백을 드리고 싶다.

"내 인생 여정 끝내어 강 건너 언덕 이를 때 하늘 문 향해 말하리 예수 인도 하셨네."

인생, 너머

초판 1쇄   2020년 6월 22일

지 은 이 _ 김대조
펴 낸 이 _ 이태형
펴 낸 곳 _ 국민북스
편   집 _ 김태현
디 자 인 _ 서재형

등록번호 _ 제406~2015~000064호
등록일자 _ 2015년 4월 30일

주   소 _ 경기도 파주시 와석순환로 307, 1106~601 우편번호 10892
전   화 _ 031~943~0701
팩   스 _ 031~942~0701
이 메 일 _ kirok21@naver.com
ISBN 979-11-88125-32-6 03230